The Notation Is Not the Music
Reflections of Early Music Practice and Performance

by Barthold Kuijken

楽譜から音楽へ
バロック音楽の演奏法

バルトルド・クイケン
越懸澤麻衣 訳

道和書院

——両親の思い出に捧ぐ

彼らが私たちのコンサートを訪れ、音楽を聴き楽しんでいた様子を、今でもよく憶えています。

——妻ミシェルに捧ぐ

彼女は私が芸術の道を歩むための時間と余裕を与えるとともに、愛すべき、注意深く素晴らしい耳を持ち、「鏡」の大切さを私に教えてくれました。

前ブリュッセル芸術学部長で、ブリュッセル王立音楽院の教員でもあるハンス・デ・ヴォルフ教授（ブリュッセル自由大学）に対して、私の研究を励まし、実践的に手助けしてくれたことに、そして私の英文を辛抱強く、献身的に編集してくれたバーバラ・カッラウアーに感謝します。

古人の跡を求めず、古人の求めしところを求めよ

松尾芭蕉（一六四四〜一六九四）

目次

はじめに

この本は、歴史的な資料をすべて網羅するような、詳細な文献表のついた研究書ではないし、古楽（Early Music）をどのように演奏するかを解説した実践的な手引き書でもない。そういった本はもう山ほど出ている。本書の索引は、特別に重要な作曲家や概念だけを慎重に選んであるし、たくさんの脚注をつけたり引用文献を列挙したりすることも控えた。その代わり、主要な参考文献を「インスピレーションの源」としてまとめ［一九二頁］、それぞれの項目の冒頭で主な参考文献を挙げておいた。そもそも、学術書の脚注というものは、有名な事実の典拠や、歴史上重要な教則本や、近年の音楽学的研究を示すものだが、たいていは、ものごとの基本となる原則や背景にある美的態度を指摘するのではなく、情報をその背景《コンテクスト》から切り離し、事実を孤立させてしまう。それに、私は何かを証明するために、権威の力を借りたいとは思わない。芸術においては、何事も「証明」はされ得ないし、その必要もないからだ。それよりも事実の背後にある考え、つまり古楽の理論と実践の背後にある考えをじっくりと考えたいと思っている。それこそ、私がこれまで実際におこなってきたこと、そして次世代の音楽家たちに伝えていきたいことだ。

私にとっては、理論の研究と実践の研究はつねに互いに影響し合い、インスピレーションを与え合うものである。理論的研究では、それぞれの時代や土地における演奏習慣や音《サウンド》の理想について考え、実践的研究においては、「正しい」楽器による演奏方法、理想を実際に音にする方法を、発見したり学んだりしている。はじめから計画的にしていたわけではない。演奏や指揮、教育の現場で必要に迫られて、あるいは教則本や音楽学の研究書を読むうちに浮かんでくる疑問に駆り立てられて、この道を進んできた。

最近になって、［科学的な研究とは異なる手法で、芸術家がみずから研究する］「アーティスティック・リサーチ」という言葉が定着してきているが、私は、自分の研究がまさにこのようなものだとずっと以前から考えてきた。この種の研究は、その本質からして主観的であり創造的なものだ。研究者としての芸術家は、自身の問題の「周辺」に存在するのではなく、自分自身が研究対象の一部だからだ。それは芸術「における」研究であって、芸術「について」の研究ではないのだ。こうした研究は、科学的であることを目指していない。それは同時に芸術でもあり得るからだ。アーティスティック・リサーチは、その定義からして、決定的なものでも完璧なものでもない。まったく同じように繰り返して再現されることはあり得ないし、何かを証明しようとするものでもない。それ自体が目的なのではなく、そこにあるのは、より深い理解、より良い演奏や創作に導かれるかもしれない「可能性」である。その成果は、私の「母語」の一部となるまで実践を重ねられ、技術的にも芸術的にも自分のものとなり、私自身の思考や感情、演奏、指揮、教育に応用され、組み込まれなければならない。

この本は、必然的に、私自身の今の実践や理論に関する「常識」を表明するものとなった。私自身の研究や演奏経験によって形作られているものだから、それによる限界もあるだろう。私は、この本が読者にとって、さらなる探求のきっかけになることを望んでいる。古楽を愛する人々、古楽に興味をもった人々が、既存の事実から新たに想像をふくらませ、考えをさらに深めていくことにつながれば嬉しい。そして、そのような聴衆と、この芸術を分かち合いたいと願っている。

第三刷にあたって

二〇〇五年頃に本書の出版準備を始めたとき、こんなにもあちこちで反響を呼び、日本語（そしてイタリア語）に翻訳されるとは予想できなかった。これはとても嬉しいことだ。最近、本書を改めて読んで、日本の友人と話した。今ならもちろん少し違う書き方をする箇所もあるかもしれないが、中心的なメッセージは変わっていない。——古楽の演奏を厳格な規則に従わなければならないものとして捉えるのではなく、徹底的に学び、私たちが何をしているのか、なぜそうするのか考え、そしてそれに責任を持とう。オープンで好奇心を持ち続けよう、私たちが愛してやまないこのレパートリーに驚かされる心持ちで。もし本書が、音楽家たちがそうした方向へ進む助けとなるなら、その役割を果たしたことになると思う。

楽譜から音楽へ

第1章　基礎をなす哲学 The Underlying Philosophy

二〇～二一世紀の楽譜を読むとき、熟練の音楽家ならばその響きを「心の耳」でかなり正確に聴きとることができる。楽器編成は的確だし、各楽器の特徴もよくわかっている。ピッチは標準的なモダン・ピッチであり、平均律が前提になっている。テンポはメトロノーム記号で示されている。リズムやフレージング、アーティキュレーション、強弱も明確に指示されているし、装飾記号の実施《リアリゼーション》［実際にどのように演奏するか］は明白である。演奏技法や音色ですら厳密に記譜されている。偶然性を含んだ作品や即興演奏を除けば、演奏者が独自に強調したりテクストを改変したりする余地はほとんどない。このように、書かれたテクストに依拠することこそ、多くの作曲家が望んできたことである。だからこの種の伝統にのっとって記譜された作品は、楽譜を元にかなり正確に研究することが可能だ。

一方、古い時代の作品では、楽譜のいくつかの要素が欠けているように見えることがある。楽譜というものがそもそもあまり強制的なものではなく、作品が書かれた時代や土地によって、まったく異なる意味になることもある。こういった作品の「正確な」演奏がどんなものか、証明することはできない。その作曲家と親しかった知人とか、同時代の演奏家によっても、あるいはオリジナルの音の録音を研究することによっても、できないのである。こうしたものが、私が「古楽 Early Music」と呼ぶ作品群である。ただし、古楽とは単純にある特定のレパートリーを指す言葉ではない。「過去に関する知見を活かした演奏 Historically Informed Performance［HIP］」を含むものとして理解されるべきだ。私は、ＨＩＰとは、それ自体が目的なのではない、と考えている。それは一つの態度であり、楽譜を読み・表現する方法であり、歴史的な本物らしさ《オーセンティシティ》を求める努力である。と同時に、完全に自分自身の演奏に責任をもつことでもある。覚えやすくて、はっきりとしたルールがある、というものではないのだ。

音楽家が演奏するときには、その演奏者独自のさまざまな角度の解釈を加えることが求められてきた。解釈は、作品が演奏されるたびに違ったものになりうる。というより違ったものでなければならない。それを私たちは頭に入れておくべきだ。演奏者の側の、こうした本質的かつ創造的な貢献がなければ、聴衆は不完全な曲を聴くことになる。今日の読譜の習慣に従って演奏者の多層的な解釈を頭に入れずに古楽の楽譜を研究しても、作品を不完全に、あるいはまったく違うものとして研究することになり、結論もまた不完全で的はずれなものになるだろう。音楽学も演奏実践も、ひとしくこの危険に直面するはずだ。

古楽の場合、作曲家がもともともっていた創造的なコンセプトに、直接アクセスすることができない。そのために、まったくの独断に陥ってしまうことも起こるし、楽器の編成や装飾、テンポ、ルバートといった点に関して、非常に明確な歴史的情報があっても無視されてしまうことも起こる。作品にかこつけて、演奏者自身のアイディアや感情、名人芸が誇示されることすらある。残念なことに、「歴史的な楽器によるオーセンティックな［本物の］古楽」といったレッテルがいまや商業的に成功していて、そういう演奏に限って、そのレッテルがはられていたりする。専門家ではない聴衆にとって、そこにどれだけ意識的な操作が含まれているのか、見分けることは難しい。そのような演奏がとても魅力的に聞こえることは確かだ。だが、そういう道ではなく、古楽の演奏に関する豊富な歴史的資料を、研究し、統合し、実践に活かすことはできるはずだ。そのような演奏は、より豊かな知識をもたらしこそすれ、魅力的でないはずがない。とはいえ、たとえばヨハン・ゼバスティアン・バッハが本当はどのように演奏したのかなどということは、どう頑張ってもわからない（そもそも、いつの演奏のこと？）。私たちが望みうることは、理性をもって、あり得るかもしれないこと、そして「良い趣味 good taste」の範囲内で、うまくやっていくことである。

古楽の演奏家には、偉大な芸術性やカリスマ性をもち、権威ある教育者、商業的な成功者となった人もいるが、そこには危うさもある。聴衆も音楽家仲間も学生も、皆このような「スター」が古楽のすべてを知っていると安易に信じ込んでしまい、彼らの演奏を、何も考えずに模倣すべきモデルと見なしてしまう。だが、言うまでもなく、私たちは歴史的な事実を自分で取捨選択し、それに基づきつつ、各自の強力な才能をプラスして、新しい演奏の伝統を作り上げている。そのようにして私たちは、歴史的な資料そのものから一歩離れるのである。「スター」の弟子たちは、師匠がそう決定するに至った諸事実を検証もしないで、ただ模倣してしまいがちだ。その傾向は弟子たちを超えて、第三世代まで広がってしまっている。この状況ははっきりと目に見えるし、聴きとることもできる。それはおそらく、古楽が、コンサートや出版・録音で成功したことの代償であり、主要な音楽大学に古楽専攻コースがあることの代償なのだろう。それは完全には避けられない。というのも、模倣は、少なくとも一時的には、芸術を学ぶプロセスの一部だからである。しかし、この段階をできるだけ早く超えさせることが、教師の務めだろうと私は考えている。

この二つの問題——独断で演奏するという問題と資料そのものを遠ざけるという問題——は関連し合いながら進み、時代の好みとなってゆく。実際、古楽奏者のなかには、資料からの「解放」を誇っている人もいる。これを「現代的《モダン》な」古楽の伝統と呼ぶことにしよう。興味深いことにこうしたアプローチは、後期ロマン派の演奏法、たとえば誇張されたクレッシェンド／ディミヌエンド、アウフタクトでフレーズを感じること、絶え間のないヴィブラート、近代風のルバートといったものを使って、成功している。作品はしばしば、もっと「興味深く」するために、または長さを変えるために、楽器編成を変えたりアレンジされたりする。私が「ボレロ効果」と呼ぶものも人気になってきた。つまり、まず打楽器の独奏で始まり、バスが加わり、全員が演奏するまで一声ずつ加わっていく。お好みで、最後に同じことを逆の順番でする。この手法は簡単に適用できるし、特別な知識や技術もいらない。そして今日の平均的な聴衆には親しみやすく理解しやすい、というメリットがある。この種の演奏が成功するのももっともだ。別に、このこと自体が問題なのではない。演奏者はみな、自分の好きなように演奏する自由がある。だが、そのような演奏を、あからさまであろうと暗黙のうちにであろうと、「本物の古楽」という誤ったレッテルで宣伝するのは、一種の知的かつ芸術的な詐欺だと思う。

それでは何が、それに代わる選択肢になるのだろう？　私たちは、一九五〇～六〇年代に後戻りすることはできない。古楽の正式な教育をほとんど受けられず、独学を強いられた時代に戻ることはできないのだ。私は、時計の針を戻したいとは思わないし、むしろ、大量に利用できるようになった情報を有益に活用したいと願っている。ただし、情報は、真剣に取り組まれ、研究され、熟考され、応用される必要があるのだが。そしてまた、多様性も要求されている。

古い資料を研究すればするほど、すべての時代、土地、様式、ジャンル、作曲家にあてはまるような、唯一の歴史的真実などというものはないということが、よくわかってくる。

私自身が教えるときには、歴史的な資料そのものに生徒の注意を向けさせる責任を感じている。現代の出版譜《モダン・エディション》や、レプリカの楽器、翻訳、研究、注釈といったものではなく、［オリジナルの］楽譜、楽器、図像資料、教則本だ。なぜ私の弟子たちは、歴史的資料に関する私の解釈を受け入れなければならないのだろう？　それは、私がどんなにがんばって伝えようとしても、私が彼らに情報として手渡したとたんに、言い換えられ、省略され、操作され、選択され、軽視され変容していくからだ。いずれにせよそれらは、私自身の先入観、できること（できないこと）、経験、欠点、気性、趣味に左右されている。だから弟子たちは、あらゆる情報は批判的な目と健全な懐疑をもって見よ、と教えられるべきなのだ。音楽の教師、また音楽学は、学生に対し、そうあるべきだと教える務めがある。思うに、古楽の分野に限ったことではないが、あらゆる教師が目指すべきは、教師がいなくても大丈夫なようにすること、弟子が独学で進んでいけるよう訓練することである。芸術家として、教師にも弟子にも必要なことは、楽器や声を扱う技術を磨き、それを維持すること。同時に学識ある人となり、そうであり続けること。この二つの領域の研究が、互いに影響を与え合い、良き実りをもたらすようにすることである。これは、教師にとっても弟子にとっても、簡単なことではないし、近道でもないことは十分に承知している。しかし、どちらにとっても確実に報われる最良の道なのだ。それは聴衆にとっても益となる。聴衆はもはや決して、裸の王様に欺かれることはないだろう。

第2章　研究への私の道

My Way Toward Research

私が古楽に情熱を傾け始めたのは、一九六〇年代のことである。子どもの頃にリコーダーを吹いていて、横型のフルートを手にするようになってからも、引き続き楽しんで吹いていた。音楽学校で私が習っていたフルートの先生は、リコーダーのことを単なるおもちゃかティン・ホイッスルくらいにしか考えていなかったが、私には真の楽器だと思えてならなかった。でも、私のまわりにはリコーダーを定期的に教えてくれる人がいなかったので、自分で進めるほかなかった。独学というこのアプローチは、やがて私の第二の本質となった。新しいことはなんでも自分自身で考え出していくことを、心から楽しむようになったのである。これについては、好奇心と独立心が旺盛な、我が家の気質に非常に助けられたし、また（特に？）学校だとか伝統だとかいった、組織あるいは権威に対抗するときには心強かった。子どもたちは皆、自分の道を歩むよう促されたが、両親はそこにひそむリスクにも気づかせてくれた。もしも君がそう確信しているならその道を進みなさい、でも、その結果について後から文句を言ってはいけませんよ。——そういう教えだった。

大きな刺激となったのは、二人の音楽家の兄、ヴィーラントとシギスヴァルトである。二人とも、その頃すでに古い弦楽器に取り組んでいた。私は彼らと違って管楽器を選んだため、自分の力でこのフィールドを開拓していくことになった。兄たちが、特定の方向性へと私を強いなかったことにとても感謝している。私たちは、アルフレッド・デラーやニコラウス・アーノンクール、グスタフ・レオンハルトといった音楽家たちの革新的な録音を知り、語り合った。一八世紀にもっとも大きな影響力をもった教則本の一つ、ヨハン・ヨアヒム・クヴァンツの『フルート奏法』（一七五二年）は、一三歳の誕生日プレゼントだった。私はがむしゃらに読み耽り、その過程でドイツ語とその古い書体を学んだ。この本が、私の（今では五〇年以上にもなる）古楽の探求の始まりだったのである。クヴァンツの著作によって新しい世界が開かれ、私の知識欲はさらに強まり、すぐに他の重要な教則本も知るようになった。

ブリュッセル王立音楽院に入学する直前、私は初めて「バロック式」の一鍵フルートに出会った（あとで気がついたことだが、そのフルートは安いモデルとして一九世紀半ばに作られたもので、一八世紀の原理に基づいているのはそのごく一部でしかなかった）。それは非常に良い楽器とまでは言えなかったが、最初のステップには十分なもので、私の探求心をおおいに刺激してくれた。その頃すでに、一七五〇年以前のフルート作品は、その大半が、モダン・フルートよりもリコーダーのほうがふさわしいと感じていたのだが、この二流の楽器でさえも、当時はすべてがしっくりと自然に感じられたものだ（詳細はともかくとして）。ブリュッセル王立音楽院で学んでいたとき、図書館に膨大な数の興味深い楽譜や理論書が所蔵されていることに気づいた。そのほとんどは、当時まだリプリントが出版されていないものだった。この宝の山の中で、私はできるかぎり多くの時間を過ごした。そういったことはベーム式モダン・フルートの勉強と平行してやっていたのだが、それとは関係のないものと思っていた。私はモダン・フルートも同じくらい楽しんでいたのだ。

決定的な出来事が起こったのは、音楽院一年生のときだった。一八世紀の偉大な管楽器製作家の一人、ゴドフロワ・アドリアン・ロッテンブルクが一七五〇年頃にブリュッセルで製作した、素晴らしいオリジナルのフルートを私が発見したのである。一八歳の少年にとっては、驚くべき幸運の瞬間だった。そのときも私は、まわりにバロック・フルートを教えてくれる人がいなかったので、独学で進まなければならなかった。でもそれこそが、神からの贈り物だったのかもしれない。間違いを犯すのも自分自身であり、それが間違いだったと気づくのも、なぜそれが間違いだったのかと考えるのも、すべて自分自身、一人の作業だったからである。学びの道のりはゆっくりだったが、私の古き良きフルートは、それまで出会った中でもっとも素晴らしい教師となった。本当に良い楽器の常として、そのフルートは楽器自身がどう演奏してほしいのか（また演奏してほしくないのか）を示してくれた。もちろん、私はベーム式フルートも続け、並行してゲント大学で二年間、芸術史も学んだ。その後、オランダで一年間、現代のベーム式フルートのレパートリーを集中的に勉強した。それは驚くようなことではない。現代音楽も、バッハやヘンデル以前の音楽と同じように、多くが音楽院では無視（あるいは嘲笑）されていた。それで逆に、関心をかき立てられたのだ。実験的な現代音楽は、古楽と同じように、音楽院の典型的なレパートリー以上に、演奏者の能動的かつクリエイティヴな取り組みを求められる。六〇～七〇年代は、主流のレパートリーからいわば左右に外れた、古い音楽と真新しい音楽とに同時に取り組む音楽家がたくさんいた。私の場合、心から情熱を注げるのは古楽のほうだと感じ、次第に、モダン・フルートと現代音楽のレパートリーとは疎遠になっていった。

研究の面での私の関心は、互いに矛盾するように見える（初歩の段階から上級レベルまでの）音楽教育に対する疑問に端を発している。たとえば、次のようなことだ。

・私たちは絶対音感を持つことが良いこととされていて、公式にはa^1＝四四〇ヘルツということになっていた。だが、モダンのオーケストラはそれよりももう少し高いし、古楽器ではこれよりも全音も高かったり低かったりすることがある。

・私たちは、長二度が、五コンマの半音階的半音（たとえばヘ－嬰ヘ）と四コンマの全音階的半音（たとえば嬰ヘ－ト）の和から成る、と習った。しかし実際の演奏では、すべての半音を均等に、モダン・ピアノで弾くように取っている。しかし、クヴァンツの『フルート奏法』（一七五二年）などの教則本が示しているのは、一七～一八世紀には、全音階的半音はたいてい半音階的半音よりも広いとされ、鍵盤楽器がオクターヴを一二の均等な半音で調律されることはめったになかった、という事実である。

・理論の授業で、アルペッジョのリアリゼーションのしかたを学んだが（これは驚くほどに、一八世紀のほとんどの理論と基本的に同じやりかただ）、バッハやモーツァルトを演奏する際には、そのような規則を適用すべきとは思われていなかった。

・トリルはいつでも主音符から始めるべきとされていたが、一八世紀の教則本には、その上の音から始めるように書かれている。

・ソルフェージュや楽器の演奏技術は、楽譜通りの正確な演奏を目指したもので、リズムを自由にゆらすことは推奨されなかった。おそらく、第二次世界大戦後の新即物主義の人々にとってはロマン的すぎると感じられたからであろう。だが、クヴァンツやオトテールといった歴史的な教則本では、その作品の中のもっとも短い音価がかなり自由に扱われていて、「ルバート」という楽語が今日と同じ意味ではなかったことを示している。

・なぜバロック音楽や古典派の音楽を、一八世紀の理論ではなく、シェンカー理論や機能和声で画一的に分析するのだろうか。私には不思議でならなかった。

さらに、歴史的な教則本や楽器から学んだのは、スタンダードまたは伝統と呼ばれるものが、いかに時とともに変化するものか、ということであった。それにもかかわらず、時代や国によって実質的に異なる音作り、フレージング、アーティキュレーションなどへのアプローチは、聴くこともなければ学ぶこともなかった。ヴィヴァルディ、バッハ、モーツァルト、ベートーヴェン、ヴァーグナー、ブラームス、ドビュッシー、ヒンデミット、プロコフィエフ、ブリテン……といった作品の演奏は、どれも画一的なポスト・ロマン派的解釈に支配されていた。これは、たくさん出ている「モダンな」エディションを見てみればわかるだろう。J・S・バッハの音楽を例にとると、著名なヴィルトゥオーソが、オリジナルのテクストがどうなっているかを明示しないで、自由に注釈をつけた楽譜がたくさんある。一方で、同じ作品をめぐって、複数の異なる原典版が存在する。これは、自分の頭でしっかりと考えるためには、自分自身でオリジナルの原典を探さなければならないことを意味している。こうした事情から、私自身がさらにもう一つの、異なる原典版を出版したこともあった。

古楽復興運動が起こる以前のバロック音楽の演奏は、とても機械的で直線的、感情もなく、過度に単純化された演奏が多かった。しかし私は、なぜバロック音楽が、バロック時代の絵画や彫刻、文学、建築などと違って、そんなふうに演奏されねばならないのか、まったく理解できなかった。もう一つ私が疑問をもったことは、社会の異なる階級の中で音楽がどのような役割を果たしていたのか、そして音楽の特徴が社会的機能によってどのように変化するのか、ということだった。作曲家と聴衆のあいだにいる演奏家という位置づけも、調べる必要があると感じた。なぜなら、演奏される作品の性質によって違ってくるからだ。現在は、二〇世紀前半の有名な歌手や指揮者、ピアニスト、ヴァイオリニスト、フルート奏者などの歴史的な録音を聴きたいと思ったら、たやすく見つけることができる。多くはLPで、その後CDで復刻されているし、ユーチューブ（YouTube）やアメリカ議会図書館の歴史的音源配信サイト（National Jukebox）が、膨大な数の歴史的音源を（ときには映像とともに）提供していて、研究に活用できるようになっている。こうした録音から私が学んだのは、美学、様式、流行というものがどれほど急速に変わるものかということである。強弱、テンポ、ルバートに対しては、もっと自由に、もっと多様なアプローチができることがわかったし、演奏に最大限の正確さが求められているわけではなく、音楽学的／学問的なモデルとしてのテクスト（もしくは原典）に厳密に従っているわけでもない、ということもわかった。歴史的な録音では、実に個性的なヴィルトゥオーソ性と芸術性が際立っている。このことは私の確信をますます深くした。もっと古い時代であればなおのこと、演奏のスタンダードというものは今日とはまったく異なるものだっただろう。こうして、伝統や慣習を疑うことが習慣となり、さらなる研究が必須のものとなっていった。

私の研究対象はもともと、バロック時代のフルートとリコーダーだった。つまり、一六六〇年頃から――これはルイ一四世の宮廷でバロック・リコーダーが初めて使われた年で、さらにこの地でバロック・フルートが用いられるようになったのは約二〇年後のことだった――一八世紀の末、多鍵フルートが普及するようになるまでの時期である。その後、一九世紀から二〇世紀初期の楽器や演奏習慣、レパートリーも研究し始めた。時に応じて、研究範囲をルネサンス時代のフルートやリコーダーとそのレパートリーに広げることにもなった。純粋な理論書や、他の楽器のための教則本も、フルートを考えるための大枠となった。つまるところ、フルートやリコーダーはさほど重要な楽器ではなかったのだ！　そのために、声楽やヴァイオリン、鍵盤楽器についての著作のほうがはるかに多い。

次第に明らかになってきたことは、普遍的で、歴史的かつ芸術的な真実というものは存在しないということだ。個々の演奏者がどのような結論に至るかは、その人の個人的な選択によらざるを得ず、その選択は、演奏家自身の芸術的な気質に駆り立てられたもので、その人の持つ歴史的な知識にもとづいて行われる、ということである。私はさらに研究を続け、楽譜の背後（あるいは前）にある音を理解できるようになり、「創造的な読譜《クリエイティヴ・リーディング》」の必要性を強く感じるようになった。つまり、書かれていないことを補って演奏することを学んだのである。音楽の様式・ジャンル・性格《キャラクター》を尊重してクリエイティヴ・リーディングが行われるのが最善である。しかし、その最善の状況であっても、私たちが活動できるのは、揺れ動く境界線で区切られた範囲のうちに過ぎない。古楽における本物らしさ《オーセンティシティ》という概念は、一見すると明確で単純なもののように見えるが、決してそうではないことを私は痛感するようになった。

このような研究を続けてきた結果、楽譜というものは、一種の指針、備忘録、あるいは着想を助けるもの、学識ある読み手の中に音楽のイメージを形づくるもの、と捉えるようになった。当然ながらそのイメージは決定的ではなく、時代や雰囲気、状況、知識などによって変化する。しかし、イメージが一時的にきわめて詳細にできあがると、私はそれを、聴き取れる形にすることができる。言い換えれば、心と頭にはっきりとそのイメージがないと、私は演奏（や練習！）を始めることができない。このような考えから、過去を振り返りつつ、実際に読んだり演奏したりすることとの絶えざる相互作用を通して、私は解釈を具体化し、演奏に関するあらゆる要素を決めている。この意味では、「古」楽というものは存在しない。演奏は再創造なのであり、まさにその瞬間に音楽が生まれる。インクが乾くことはけっしてない。

第3章　楽譜の限界

The Limits of Notation

すべてを正確に記譜することは、そもそもそれが可能とすればだが、多大な努力を要するだろうし、非常に複雑に見えるだろう。そして、多くの演奏家や、作曲家すらが望む以上に、演奏家の自由を制限してしまうだろう。ヨハン・アドルフ・シャイベは著書『批判的音楽家』（一七三七年五月一五日）の中でJ・S・バッハを批判して、複雑な装飾音などの演奏法をすべて楽譜に書き留めるバッハの習慣は読み手を混乱させる、と書いている。これは確かに、よく理解できる批判ではあるが、私たちとしては、バッハがもっと細かく書いてくれていたらと願わずにはいられない。シャイベもバッハも、古い時代の簡素な記譜が、今日これほどまでに多くの問題を引き起こして、延々と議論されることになるなど、思いもよらなかっただろう。

音楽をできる限り正確に書き記したいという欲求は、私たち西洋「クラシック」音楽に典型的な事柄のようで、二〇世紀に頂点を迎えた。シェーンベルクは《月に憑かれたピエロ》作品二一（一九一二年作曲、一九一四年出版）の序文で、かなりラディカルにこう述べている。曰く、演奏者は楽譜に書かれていないことを何一つ付け足してはいけない。どんな解釈も楽譜に加えてはならない。［そうでなければ］演奏者は「加えるのではなく奪い取ることになる」。イーゴリ・ストラヴィンスキーもなかなかに強制的だ。ロバート・クラフトの『ストラヴィンスキーとの対話［邦題：一一八の質問に答える］』（一九五九年）によると、ストラヴィンスキーは、自分の音楽は読まれ遂行されなければならないのであり、解釈されてはいけない、と言っていた。同じようなことを彼は、一九二四年に《八重奏曲》についても書いている。「作品を解釈することは、その肖像画を理解することである。私が要求していることは、作品そのものの理解であってその肖像画の理解ではない。」ピエール・ブーレーズの極端なまでに複雑な記譜は、このような態度のロジカルな帰結と捉えることができよう。二〇世紀も中頃を過ぎると、多くの作曲家がこうした態度に反発し、不確定な記譜や図形楽譜などを発展させた。演奏者はときに、完全に書かれた音符を弾くのではなく、即興演奏することを求められるようになった。

音楽は、楽譜に記されなくても、容易に存在しうる。たとえば、ジャズ、民族音楽、グレゴリオ聖歌、あるいはもし楽譜があるとしても完全には程遠くスケッチ程度でしかない東洋音楽など、他の伝統を見てみればよくわかるだろう。楽譜というものは根本的に、［音楽とはいえ］違う身体感覚に――耳ではなく目に、向けられたものなのだ。「語られた音楽は、絵に描かれた昼食のようだ」というドイツのことわざをもじって、「記譜された音楽は、絵に描かれた昼食のようだ」とでも言えようか。私たちは、本当に腹ぺこのままなのだ！　しかし、古楽のように、生きた口頭伝承が続いていない場合は、視覚的な伝統で満足しなければなるまい。目に向けられた楽譜は、解読されなければならない。この解読が、いつでもどこでも理想的になされると思ってしまうと、間違った解釈に導かれてしまうだろう。幸いに、歴史的な教則本が解読への重要なカギを与えてくれる。期待するほど情報が一致しているわけではないのだが、そこから私たちは正しい方向へと進むことができる。あるいは逆に、楽譜がいかに読まれるべきではないか、を学ぶこともあるだろう。

いずれにせよ、目に向けられた楽譜は、耳の経験によって完全なものにされなければならない。演奏するとき、私がいつも気にかけているのは、次のような根本的な問いである。ホールはどんな響きがするだろう？　私が今まさに演奏したことを、これから起こることとどう関連づけようか？　一緒に演奏している仲間はどんな演奏をしているのだろう？　そのような実践的な観点のうち、今日の理論と実践で見過ごされがちなことが一つある。完全な総譜《スコア》があるかないか、ということだ。オーケストラ奏者はつねにパート譜で演奏していたが、そこには指揮者かリーダーがいて、統率していた。だが、そのリーダー役が、コンサートマスターか、協奏曲の独奏者だった場合、そのリーダーが、自分が演奏する作品のフル・スコアを所有していたかというと、決してそんなことはなかっただろう。見たことさえなかったかもしれない。室内楽でも、多くの作品が手書きのパート譜で普及していた。弦楽四重奏曲の場合、仮に出版されたとしても、一九世紀に入るまでは、パート譜のみが売られていた。弦楽四重奏曲のスコアは、「偉大な」古典派やロマン派の作曲家の作品全集が刊行されるまで、待たねばならなかったのである。モーツァルトの一〇曲の有名な弦楽四重奏曲のスコアが出版されたのは一八二八年のこと。ベートーヴェンが一八二六〜二七年に最後の弦楽四重奏曲群のスコアとパート譜を同時に出版した、少し後のことだった。ベートーヴェンは、パート譜と同時にスコアも出版した、最初の一人に違いない。同時に彼は、練習をしやすくするために、楽譜に練習番号を振った最初の一人でもあった（弦楽四重奏曲では、一八二七年に出版された《大フーガ》作品一三三にのみ見られる）。ベートーヴェンはどうしてそのようにしたのだろうか？　この弦楽四重奏曲群が複雑すぎて、演奏者はスコアを必要とするだろう、《大フーガ》は練習番号まで必要だ、と考えたのだろうか？　小節数にいたっては、二〇世紀後半になってようやく、徐々に振られるようになった。小節数や練習番号、あるいはスコアさえないような練習が、今とはずいぶん異なるものだっただろうことは想像に難くない。

大規模な作品が、目で、つまり楽譜で研究できなかった時代には、よく訓練された経験豊富な耳だけが、共演者の演奏にどう反応すべきかを示すことができた。演奏者は自分の耳を信じ、先に「感じて」いなければならなかった。他のパートの協和音・不協和音によって、平行的な動きなのか対位法的なのかによって、リズムの形や装飾、強弱、フレージング、アーティキュレーションによって、どのような演奏になるべきかを感じている必要があった。また、共演する音楽家たちも似たような直観、独創性、着想、経験を持っていると信頼しなければならなかった。このような実践は、演奏者がお互いに一心に聴き合うことを教える。このために、二〇世紀前半の録音で耳にするような、とても自由で、あまり「一体感」のない演奏になった。初期のオーケストラや室内楽のパート譜に見られる、もう一つの特徴は、ボウイングや指使い、強弱や装飾に関する手書きの書き込みがないことである。こうした詳細は、練習しながら記憶されたのだろうか、それとも彼らは気にしていなかったのだろうか？

たとえある作品が、どんなに注意深く正確に記譜されていたとしても、意識的にも無意識的にも、二度と同じように演奏されたり聴かれたりすることはない。なぜなら、演奏することも聴くことも、まわりの環境がつねに変化しているからだ。それがまさに、芸術を本質的に、反復不可能なものにしている。物質的な形態が反復可能な場合（たとえば、同じ映画、CD、絵画を何度も見たり、同じ本を繰り返し読んだりする場合）でさえ、芸術的な経験の瞬間は、作り手にとっても聴衆にとっても、唯一のものであり、複数の意味のうち一つに固定されることはない。この本質、つまり感情のインパクトは、今ここでのみ経験されうるもので、完全に記譜されて永遠に反復されるということはありえないのだ。音楽に関する歴史的な教則本は、このような変わりやすさに自覚的で、それを受け入れていたように思う。そこで強調されているのは、私たちが作曲家の意図を尊重しなければならないこと、しかし同時に、私たちの個人的な着想を加味するよう期待されていることである。明らかに、演奏者が個人的な着想を加えることは、作曲家の意図（あるいは少なくとも、作曲家が期待したこと）に含まれている。ただ、どの程度だと良いのかは、常に明白とはいかない。そこで参考になるのが、偉大な演奏家たちの証言だ（ただし、あくまでも「語られる音楽」としては、ということになるが）。良くないこととして記録されているのは、度が過ぎることへの批判であり、装飾音がないなどといった表現不足への言及はほとんどない。そういった批判はボリウー・ド・メルメの『フランス音楽における趣味の堕落について』（一七四六年）にも見られるが、どちらかというと、言及されている演奏家よりもその著者について多くを語っているかもしれない。とはいえ、こうした批判的記述は、多少主観的ではあるが詳細な情報を与えてくれる。

「良い趣味 good taste」は一八世紀の多くの教則本におけるキーワードで、芸術性には必要不可欠のものであった。趣味は、作品がいかに演奏されるかを大いに左右した。ただし同じ時代でさえ、ヴェルサイユでの良い趣味が、必ずしもナポリやロンドン、ベルリンでも同じとは限らなかった。ある土地で賞讃されることが、他の土地では蔑まれることもありえたのだ。良い趣味の具体的な意味は、その著者自身や周囲の人々には明白すぎるくらいだったのだろうが、時代や土地によって多種多様だったことは明らかだ。歴史的な教則本からは、そうした趣味の変化はある程度わかるが、時間が隔たっているため、ある概念についての私たちの理解とは異なったものでありうる、と意識すべきだろう。これは、二〇世紀初頭の録音を聴けばすぐに理解できる。私はそれらに、（祖母の時代は、すべてがもっと良かったのに、というような）懐古趣味的な態度でも謙遜した態度でもなく、開かれた心でもってアプローチすることを提案したい。そのような録音は、一般に高く評価されている演奏家（つまり、おそらくは良い趣味を備えている演奏家）によるものだが、私たちには異質に響くこともしばしばだ。彼らも、私たちと同じ楽譜を読んでいるはずだが、その上での選択について理解することは容易ではない。たとえばアデリーナ・パッティが歌うモーツァルトの〈恋とはどんなものかしら Voi che sapete〉でのルバートやグリッサンド、セルゲイ・ラフマニノフが弾くバッハのサラバンドの美しく自由なテンポ、あるいはウィレム・メンゲルベルクによるバッハの《マタイ受難曲》のドラマティックな演奏など。これらに共感することはなかなか難しい。ましてや、それよりもさらに古い演奏様式が、私たちにとって親しみやすい響きだとは、とても思えないのである。

第4章　楽譜とその解読、演奏 The Notation, Its Perception, and Rending

この章では、古楽の楽譜に関する非常に重要な要素を、1〜13の項目に分けて取り上げる。それぞれの項目の最初に置かれたゴシック体の短い導入文からは、これらの要素が重なり合い、絶えず相互に影響し合うことがわかるだろう。これらをばらばらな要素ではなく、芸術作品の編み上げられた総体の一部分として見るために、この導入文が一つ一つの項目をつないでいくことになる。14〜18では、いかに楽譜が読まれ、受け取られ、聴衆に伝えられたか、その方法に重要な影響を与えたいくつかの観点を扱う。

調律（tuning）と音律（temperament）は、聴く者の耳に直接的な影響を与える。これまでの研究が明らかにしたのは、伝統やスタンダード、そしてその理解は、時代とともに大きく変化したということである。そして今もなお、その変化は続いている。もっとも、今日では電子チューナーが導入されたことで、統一され反復できることが好まれるようになってはいるが。これを利点と見なすべきかどうか、私にはわからない。

（ヘルツの数値はどれも「およそ」のものと理解されたい。とくにオルガンの場合、教会の気温が無視できないほど大きな影響を与える。）

この項目に関するデータは、大部分をブルース・ヘインズ『演奏ピッチの歴史』（二〇〇二年）に依拠している。この本の歴史的なフルートとリコーダーのピッチは、私が提供したデータである。ヘインズの結論は、私の研究や経験と一致する。

1 ピッチ Pitch

多くの聴き手にとって、絶対音、つまり今日の標準ピッチであるa^1＝一点イ＝四四〇ヘルツよりも低いまたは高いピッチであっても、さほど大きな違いには感じられないかもしれない。全体の雰囲気や響きの色合いは確かに変わるとしても。かつては、標準ピッチなるものはそもそも存在しなかった。一七〇〇〜一七五〇年頃、パリとローマでは非常に低いピッチ（a^1＝三九二ヘルツ）で演奏していたとされている。同時期のヴェネツィアとロンバルディアでは非常に高いピッチ（a^1＝四六六ヘルツ）、そしてドイツの多くの都市ではその中間（a^1＝四一五ヘルツ）だったという。同じ街の中でさえ、場によってピッチが違うこともあった。たとえば一七五〇年頃のベルリンでは、歌劇場と教会のピッチ（a^1＝四一五ヘルツ）は、フリードリヒ大王が用いていたピッチ（a^1＝三九二ヘルツ）より半音も高かった。歌劇場・教会と、宮廷と、両方で演奏する音楽家たちがどんな問題に直面したか、容易に想像できるだろう。方々を旅してまわる音楽家にとっても、常に頭の痛い問題だった。楽器製作者も同様で、このような困難な状況に適応できる楽器を提供することは、並大抵ではなかった。さらにいっそう複雑な場合もあった。なんとJ・S・バッハは、ヴァイマールとライプツィヒで二つの異なるピッチを同時に用いていたのである。ヴァイマールでは、オルガン、歌手、弦楽器奏者は、オルガンの高いピッチ（a^1＝四六六ヘルツで、a^1＝四四〇ヘルツより半音高い）で演奏していた。一方、木管楽器ではフランス・オペラのピッチ（a^1＝三九二ヘルツで、オルガンより短三度低い）が使われていたので、彼らの楽譜は、他の調に移調されて記譜されていた。またライプツィヒでは、オルガンは同じく高いピッチだったが、他の楽器と声楽は全音低いa^1＝四一五ヘルツだった。ここではオルガンのほうが全音低く移調されることになっていて、調律の問題が起こることもあった。たとえば変ホ長調は、通常の不等分平均律ではよく響くが、変ニ長調となればひどいことになる（次の音律の項も参照のこと）。オルガンによっては、こうした移調を避けるために、a^1＝四一五ヘルツのストップを持っているものもあった。

特に顕著な問題は、これまで言及してきたピッチが半音の幅のとき（a^1＝三九二ヘルツからa^1＝四一五ヘルツへ、a^1＝四四〇ヘルツへ、a^1＝四六六ヘルツへ）である。だがこのことは、一七～一八世紀には常識として、非常に単純化され、一般化されていた。二〇世紀に入ると、チェンバロやオルガンを調整するための半音の移調が発達し、半音一つや二つを上下に動かすことのできる鍵盤楽器ができた。この可動式鍵盤楽器が徐々に使われるようになったのは、一九六〇年頃のことである。一七～一八世紀には、このような機能を持つ楽器はほとんどなかったが、少なくともフリードリヒ大王の宮廷には一台、半音の幅で動かすことのできるジルバーマン製のフォルテピアノがあった。このことは、ポツダム宮廷でさまざまなピッチが用いられたことを示している。

　リコーダーとフルートのピッチは、それが使われていた時代も、その後長いこと屋根裏や博物館や個人コレクションの中で眠っている期間も、基本的には変わっていない。そのため、リコーダーとフルートは、その土地あるいは時代の標準ピッチを証明する、良い手がかりになるのである。しかし、同じ楽器であっても、すべての演奏者が同じピッチで鳴らすわけではないということは考慮しなければいけないし、その時の気温がピッチに影響することも頭に入れておかなければならない。そこで、当然ながら実にさまざまなピッチを見つけることになる。フルートにはしばしば、いくつかの違う長さの左手管《ミドル・ジョイント》が付属していた。鳴るピッチは、それぞれたいてい一～二コンマの違いがある。私の所有しているG・A・ロッテンブルクのフルートには、約八ミリずつ長さの違う七つの左手管が付属していて、それぞれa^1＝三九二、三九八、四〇四、四一〇、四一六、四二三、四三〇ヘルツである（カバー裏の写真参照［左側の二つは頭部管と足部管。右の七本が長さの違う左手管］）。この楽器は黒く色が塗られているが、唇と手が触れる部分は染料が剥がれている。こうして私は、左手管の五番（a^1＝四一六ヘルツ［写真の右から三番目］）と四番（a^1＝四一〇ヘルツ［同四番目］）がいちばん頻繁に使われたと考えた。というのも五番は頭部管と同じ色で染められていて、四番も少し暗い色合いだが同じ染料が使われているからだ。その他の左手管が稀にしか用いられなかったことは明らかだ。私は、クヴァンツがフリードリヒ大王のために製作したいくつかのフルートも、同じように観察してみた。それらは黒檀でできていて、色は変化していなかったが、六つある左手管のうち五つは指孔のエッジがまだ整っていてシャープなのに対して、いちばん長い左手管（a^1＝三九二ヘルツ）は角が落ちていた。右手管にも同様のことが見られた。このことからわかるのは、フリードリヒ大王がこの非常に低いピッチを頻繁に吹いていたということだ。実際に、この事実はクヴァンツの『フルート奏法』で確かめることができる。長い左手管を用いることは、頭部管と左手管のあいだを広げて楽器を長くするよりも、たいていは良い解決策になる。しかし、低い音や高い音を出すために、広げることも、別の長さの管を選ぶことも、どちらもフルート内部の穴の比率を変えることとなり、調律の問題が起こってくる。最良の解決策は、まったく新しい楽器、すなわち望ましいピッチに合わせた楽器にすることだ。リコーダーで複数の中部管を使わないのは、おそらくその演奏の特質からして、ピッチの修正がフルートと同程度にはきかないからだろう。それに対し、オーボエが三つの上管からなっていたのは、その奏法からしてピッチを調整しやすいからである。

今日の聴衆は、J・S・バッハのカンタータを聴くとき、a^1＝四四〇ヘルツよりa^1＝四一五ヘルツで聴くほうに慣れてきているが、それでも、ヴァイマール時代のカンタータをオリジナル編成で聴いたら驚くことだろう。弦楽器は鋭く甲高いa^1＝四六六ヘルツで演奏し（しかも、低いピッチの場合と太さが同じ直径の弦で？）、木管楽器はかなり暗いa^1＝三九二ヘルツ、歌のパートは高い音域で歌っているのだから。バッハのカンタータをa^1＝四一五ヘルツで演奏することは、二〇世紀を半ば過ぎたあたりから徐々に受け入れられていったのだが、猛烈な反対意見もさまざまあった。しかしその反対意見は、「伝統的な陣営 traditional camp」からの強い自己防衛反応だったのだと思う。残念ながらその当時、「陣営」という言葉はあたりまえに使われていた。演奏実践をめぐって、伝統的な態度と、歴史を志向する態度とのあいだに深い溝ができ、対立が激しくなってしまったのである。低いピッチは古楽全般、とりわけJ.S.バッハの音楽への新しいアプローチとして、わかりやすい特徴だった。だから全体を代表するものとして、「聖なる」バッハや伝統的な演奏様式を守るために、攻撃されたのだ。どちらの側にも狂信的な激しさがあった。しかしそれが少しずつ変化し、より良く理解・尊重される余地が生まれてきたことを、私はとても嬉しく思う。ただ、今もそのような態度が根強く残っていて、とても極端な形を取る例もある。たとえばジェラール・ツヴァンクは一九七〇年代から、異なるピッチやオーセンティックな楽器に対して怒りを持ち続け、『バッハ・カンタータの実践ガイド』(一九八二年)や『音叉』(一九九八年)という著作で自説を主張し続けている。彼にとって、a^1＝四四〇ヘルツというスタンダードは、あらゆる歴史的証拠にもかかわらず、メートル法や時間と同じくらい、不変のものなのだ。

バッハに限らず、a^1＝四一五ヘルツは長年、バロック音楽の万能なピッチとして受け入れられてきた。しかしリュリ、クープラン、ラモー、パーセル、ヘンデル、コレッリ、ヴィヴァルディなど、別のスタンダードが立証されうる作曲家もいる。幸運にも他のさまざまなピッチの楽器が作られ、よく使われるようになってきたので、演奏者が異なる音質を開拓できるようになった。こうした取り組みはとても興味深いものだが、しかし、困難かつ不便で、費用がかかる。実際、フルート奏者として、リュリからシューベルトまで広いレパートリーをカバーしようとすると、ベーム式以前のフルートを一〇本ほど所有し、それらの楽器と心から親しくなる必要がある。といっても実際のコンサートでは妥協も強いられる。一回のリサイタルで、ステージ上に四つも五つも異なるピッチの鍵盤楽器を並べることはできないからだ。一方、レコーディングや無伴奏のリサイタルの際には、私はさまざまなピッチで演奏する機会を嬉々として活用している。

一八世紀から一九世紀初期にかけて、地域によっての差こそあれ、ピッチは上がり続けた。同時に、同じ標準ピッチの中でさえ、木管楽器の演奏音域《テッシトゥーラ》の「重心 center of gravity」は徐々に上へシフトし、作曲家はそういった楽器をそれぞれの都合に合わせて使った。私は、ある作品やその一部の「重心」を簡単に見つける方法を編み出した。それは次のようなものである。

① その楽器の半音階の各音に、最低音を一として番号を振っていく。
② 各音に対し、その数字と作品中に現れる回数を掛ける。
③ 結果の合計を音の総数で割る。
④ この平均値にあたるピッチが、半音階に与えられた数字によって割り出される。

このようにすると、J・S・バッハの《無伴奏フルートのためのパルティータ》BWV一〇一三（おそらく一七二〇年頃作曲）の重心は、二点ニと二点嬰ニのあいだくらいであり、モーツァルトの《フルート四重奏曲ニ長調》KV二八五（一七七七年）の重心は、二点トとなる。つまり、一〇年ごとにほぼ半音ずつ上がったということである！

今日、古典派のレパートリーは、たいていa^1＝四三〇ヘルツで演奏される。これは私に責任があると告白せねばならない。一九八一年、私の兄シギスヴァルトが主宰するラ・プティット・バンドは、ハイドンの交響曲を録音した。初めて古典派の様式にも手を広げたときのことだ。しかしこの録音は満足のいく出来ではなかったため、発売されなかった。ハイドンの作品は、私たち皆にとって難しかったのだ。シギスヴァルトは頑固な態度で、ヴァイオリン奏者とヴィオラ奏者に顎当てから離して演奏するよう要求した。また木管楽器の私たちは、たいていもっと古い時代の楽器だったため、ハイドンを演奏するにはふさわしくなかった。このような楽器のピッチ（a^1＝四一五ヘルツ）、そして何よりも重心が、ハイドンには低すぎたのである。それはまるで、メゾ・ソプラノ歌手がソプラノのパートを歌おうとしているようなものであった。ラ・プティット・バンドの次の古典派プロジェクトは、一九八二年のハイドン《天地創造》（一七九八年）で、これはさらに難しく、明らかに私たちのバロック時代の管楽器の範囲を超えていた。私はこれを成し遂げるために必要なものをなんとか見つけ出さなければならなかった。ドイツの古楽オーケストラ、コレギウム・アウレウムは、一九六二年にレコード・レーベルのドイツ・ハルモニア・ムンディによって生まれたアンサンブルで、私は一九七〇年から七八年までこのオーケストラで演奏していた。そこでは利便性のために、a^1＝四四〇ヘルツのピッチで作られた（あるいは上げられた）、後の時代のオーボエとフルートを経験していた。この楽器の製作者は、モダン楽器と古楽器とのあいだになんとか妥協点を見つけ出そうとしていたが、納得のいく結果は得られなかった。ともあれ、私の得た情報では、そのピッチはやや高すぎた。それで私たちは、このような楽器は使わないと決断した。私はこの二流のハイブリッド楽器を、より低いピッチで演奏するために少し伸ばしたモデルとして扱いたくはなかったのだ。一方、私は、ニコラウス・アーノンクールが創設したウィーン・コンツェントゥス・ムジクスでも、そのピッチを経験した。そこのオーボエ奏者は、a^1＝四二二ヘルツのオリジナル楽器を使っていた。他の何人かの木管楽器奏者は、より低いピッチのオリジナル楽器を（多かれ少なかれ）忠実にコピーしたレプリカの楽器を使っていたのだが、オーボエ奏者のピッチに合わせるために、一センチ近くも管を短くしていた。そのため調律や音の質のバランスは犠牲になってしまっていた。もし木管楽器をさらに短くするのを避けたければ、明らかにa^1＝四二一ヘルツよりずっと高く設定しなければならなかったのである。そこで私は、四二二と四四〇のあいだということで、かなり恣意的にa^1＝四三〇ヘルツを選んだ。当時、私は、ドイツの偉大なフルート製作者の一人であるアウグスト・グレンザーが一七八〇年代にドレスデンで製作した、美しいオリジナルのフルートを貸与されていたのだが、この楽器に付属していた左手管は、a^1＝四二七、四三三、四三七、四四二ヘルツの四つのみだった。そこで、五つ目として、a^1＝四三〇ヘルツの左手管を作らざるを得なくなり、それに合わせて、オーボエ、クラリネット、ファゴットも、ふさわしいオリジナルの楽器を見つけたり、複製したりすることになった。金管楽器は、幸いに、管を長くしたり短くしたりすることからくる障害がほとんど問題にならなかった。ともかく私たちは皆、これらの新しい楽器にごく短期間で慣れる必要があった。そして迎えた最初の管楽器セクションのリハーサル。これをリードしたのは私だった。はじめはどうしようもなく、やる気を失いかけた。だが、そのプロジェクトはすでに動き出していたため、私たちは辛抱強く努力を重ね、その結果、驚くほど良いライヴ録音ができた（一九八二年、Accent Live）。後の研究で、ハイドンの《天地創造》の時代には、a^1＝四四〇に近いピッチも、a^1＝四二一くらいも同じように用いられていたことが判明した。つまりa^1＝四三〇ヘルツはただの平均にすぎず、さほど多くの資料が残されているわけではないのだ。この録音プロジェクトのあとも、この時に新しく作られたり調整されたりした楽器は使われ続け、他の古楽オーケストラでも好まれたことから、a^1＝四三〇ヘルツは、世界中で活躍する音楽家たちにとって現実的な妥協点となった、というわけだ。しかし、これが古典派時代の歴史的な真実と誤解されてはならないし、「これぞ唯一無二の歴史的なピッチ」とみなされるべきではない。

音律（temperament）は、音響学者や数学者によって（聴きとれないほど）細かな数値で論じられてきたが、非常に個人的かつ主観的な事柄である。耳で調律すると、たとえそう望んだとしても、まったく同じ調律を繰り返すことはできない。調律師ごとの違いは未だに大きいだろうし、個々の楽器の音響もまた、最終的な結果に影響を与えるだろう。

2 音律 Temperament

マーク・リンドレーは、H・W・ブラウン& S・セイディ(編)『ノートン/グローヴ音楽事典――一六〇〇年以降の音楽における演奏習慣』(一九八九年)の中で、さまざまな歴史的な調律方法についてわかりやすく概観している。

これはとても残念なことだが、どんな音楽作品でも、すべてのオクターヴ、五度、四度、三度(倍音列の最初に出てくる音程)を、音響的に純正に――お互いにぶつかり合うことなく――響かせることはできない。そこから生じる問題は、音が固定される鍵盤楽器や、フレットの位置が固定されるリュートやヴィオラ・ダ・ガンバでは必然的に起こってくる。さまざまな音律は、それに対する実践的な解決策である。

音律のシステムにはいくつかあって、それぞれに特徴がある。純正な、あるいは非純正な音程をどれだけ含むかによって、表現の質も変わってくる。一七世紀にしばしば用いられていた四分の一コンマの中全音律《ミーントーン》は、純正の長三度を優先する。その結果として、非常に狭い五度が一一、広すぎる五度（むしろ減六度：嬰ト－変ホ）が一つできる。この音律は、かつて一般的だった、シャープやフラットが三〜四個までの作品ならばうまく機能する。一七世紀末から一八世紀にかけては、多くのシステムは、すべての調が演奏できるように「よく調律された wohltemperiert」。ただし、すべての調が理想的に響くわけではない。ハ長調から遠ざかるにつれて、純正三度よりも純正五度のほうが徐々に優先されていく。ある作品を移調することは、ただ単純に、低くあるいは高く演奏するということではなかった。というのも、オクターヴ内の音の配置、ひいては全体的な結果が、ある調と他の調では異なるからだ。一つの作品の中で、主題を他の調で繰り返すことも、はっきりとした違いを生み出した。このような違いは、等分平均律（equal temperament）では失われてしまう。

一六世紀までは、鍵盤楽器やリュートの奏者が、シャープ・フラットが三〜四個より多い作品を演奏するときは、欲求不満を感じたに違いない。それを解決する方法として、彼らが最初に等分平均律を試みたことは、ごく当然だろう。一六〇〇年を迎える直前、シモン・ステヴィンは独自に考案した数学的構造を発表した。等分平均律においては、すべての五度が純正よりわずかに狭く、すべての長三度が純正よりかなり広く、その結果すべての調がまったく同じように響く。一九世紀のあいだはまだ、不等分な調律法に言及されることもあった。しかし和声言語が広がってゆくにつれて、等分平均律が明らかに最善の選択となっていった。等分平均律は一つも純正な音程を持たないという制約を抱えつつも、ごく実践的な妥協案として、今日まで使われ続けている。だが古楽にとっては、実践的でもなければ特に使いやすいわけでもない。

鍵盤楽器は、何らかの音律を一つ必要とする。しかしこの事実は、他の楽器や声楽も同じような厳密さでこの音律に従わなければいけない、ということではない。比較的シンプルな和声で、強い旋法的構造や調構造をもっている古楽の場合は、特にそうである。弦楽器の場合、開放弦による制限がいくらかある。たとえばチェロとヴァイオリンがすべての五度を純正に調律すると、チェロの最低弦（＝は）とヴァイオリンの最高弦（＝二点ホ）のあいだの音程（三オクターヴと長三度）は、広すぎてしまう。もしこの長三度の音程を純正に調律しようとすれば、今度は逆に、五度が非常に狭くなる。もちろん、良い弦楽器の持つ豊かな倍音は、純正五度と純正長三度を含んでいるが、両方の世界で最善のものを、というわけにはいかないため、たいていの弦楽器奏者は、この両極の解決法の中間を選んでいる。フレットのある楽器は、必然的に等分な、あるいは不等分すぎない平均律を好む。なぜなら、バス・ヴィオールの場合、たとえばC線の嬰ハ音（中全音律では四分の一コンマ低い）は、A線の変ロ音（中全音律では四分の一コンマ高い）と同じ第一フレットを押さえなければならないからである。金管楽器は、穴やバルブがないので、当然ながら純正な和声的倍音を用いる。つまり、これらから逸脱する音、言い換えれば倍音列にない音は（そもそも演奏可能なら）すべて、唇と息の加減で達成しなければならなかった。木管楽器には特別な調律システムはなかったが、フィンガリングとアンブシュア（そして良い耳）で、さまざまな状況にうまく適応できた。最も適応力があり自由なのは、声である。純正で歌うと、アンサンブルや合唱団では最良の響きを得られるが、作品の途中で全体的なピッチがわずかに変わることもあっただろう。たとえば、ハ長調のア・カペラ作品を、純正三度と純正五度で歌うことを想像してみよう。イ音はホ音の五度下として低いポジションとなりうるし、ニ音の五度上として高いポジションにもなりうる。ということは、この二つのポジションの差は、等分に調律された場合の半音の四分の一にもなる。これは、聴いてすぐにわかることだ！　すでに鳴っていて保たれているニ音かホ音に対してイ音を鳴らすとき、歌手や指揮者は二つの可能性のうちどちらか一つを選ばなければならない。もしこのイ音が、今度は他の音程に調律されなければいけない音になると、本質的なピッチの不一致は作品全体で耳につくことになるだろう。しかし、多くの演奏者は、ニ音－イ音もイ音－ホ音も、さほど純正ではない五度にしたり、テヌートでニ音やホ音のピッチをやや変えたりして、うまく誤魔化している。実際問題として、純正な音程を響かせることは、長い音や大切な箇所では極めて重要だが、経過音や不協和音では柔軟に扱われるべきだろう。人生は完璧ではないのだ！

同時に複数の標準ピッチが共存していると、バッハのヴァイマールやライプツィヒのカンタータのように、移調を含むいくつかの問題が生じる。多くの不等分平均律では、変ニ長調は変ニ音が低すぎて嬰ハ音のように機能するため、変ホ長調よりも響きが良くない。変ニ長調のトニック上の長三和音は、変ニ音とヘ音の長三度が広すぎるので、かなり調子はずれになるのだ。

異なるタイプの楽器が、それぞれに合った異なる音律で一緒に演奏しようとすると、さまざまな問題が生じるものだが、そういったことは歴史的な教則本でも説明されている。すべての問題を避けられるわけではないが、演奏する際に、鍵盤楽器奏者が通奏低音の実施《リアリゼーション》から、問題になる調子はずれの音を省いたり、その音を内声に置いて隠したりする、というものだ。ゲオルク・ファルクは『よい歌唱についての考え』（一六八八年）で、オルガニストに、調子はずれの音（たとえばヘ音が嬰ホ音として機能すべきとき）はトリルかモルデントをつけて演奏するよう勧めている。またヨハン・ゲオルク・トロムリッツは、当時影響力のあった『フルート奏法の詳細かつ基本的な手引き』（一七九一年）に、興味深い情報を載せている。鍵盤楽器は等分平均律で調律されるべきだが（ただし、彼が説明する方法では、本当に等分な平均律にはならない）、重要な和音のときには他の楽器が純正三度や純正五度を演奏できるよう、大規模なアンサンブルから鍵盤楽器は抜けるべき、というのである。彼はさらに、『多鍵フルートについて』（一八〇〇年）において、ト長調の三和音（ト音－ロ音－ニ音）の一点ロに向かう下からのアッポジャトゥーラとしての一点嬰イが、異名同音の一点変ロの指使いで高めに演奏できることを指摘している。同じことは経過音、刺繍音などにも応用できる。私は、こうした本質的でない音の音程を表現豊かにとることは非常に効果的だと思うが、あえて活用しようという人はあまり多くない。録音の場なら、赤いランプがすぐに消えて、演奏者は新しい「テイク」を要求するだろう。なぜなら、音程が揃っていないと感じられるからである。

異名同音が問題となる場合はほかにもある。W・A・モーツァルトはトマス・アトウッドへの《作曲の練習帳》KV五〇六aで、広い全音階的半音と狭い半音階的半音について語っている。鍵盤楽器以外であれば、異名同音的な移行は明確に聴き、感じることができるだろう。これは、タイや、反復される音に生じる異名同音転換にも(とくに、というべきか)当てはまる。たとえばヴィルヘルム・フリーデマン・バッハの《フルート二重奏曲》変ホ長調FK五五の第一楽章で、二点変ハ音が一点ロ音になるとき、ピッチは下がる。すなわち四五〜四九小節で、第二フルートは何度も二点変ハ音を吹き、四九小節の最後の拍で一点ロ音に変わるところだ。クヴァンツはこの問題の箇所を、弟子のために(あるいは弟子によって)集められた手稿コレクション『ソルフェージュ』の中で指摘している(なお現在のモダン・エディションの序文は、この『ソルフェージュ』の唯一現存する手稿がクヴァンツ自身の筆による、と述べているが、それは正しくない)。第四五小節の二点変ハ音について彼は「より鋭く演奏するために、純正に、少し外して」と述べている。再び四九小節については「まさに前と同じくらい外して」としている。一点ロ音へのコメントはないが、通常のアンブシュアのポジションで演奏されるべきであり、外さずに二点変ハ音より低くなるべきではない。珍しい状況としては、たとえばモーツァルトの《交響曲》KV五四三では、変イ音－一点嬰ニ音の「五度」［第二楽章、第九四小節］や、一点変イ音－二点嬰ト音の「オクターヴ」［第一楽章、第一六七小節］が出てくる。ここでは、フラット系の楽器がそのモティーフを終えるところで、シャープ系の楽器がそのモティーフを始める。私は、この五度、一度、オクターヴは純粋に保てると思う。それはおそらく《ピアノ協奏曲》KV五九五で、ファゴットの一点嬰ハ音に対してピアノが一点変ニ音を保っている［第一楽章、第二〇三－二〇四小節］のと同じようなことである。こうしたことに対して、何らかの一般的なルールが規定されうる、あるいは規定されるべきだとは、私は思わない。私の選択は、可能なこと（と不可能なこと）、そして望まれる表現によって導かれるのである。

異名同音ほど複雑ではない事柄を考えるとしても、すべての演奏者が同じ調律方法を使うわけではない。私はいつもアンサンブルを進めるときにこのように考えている。鍵盤楽器があるときは、低音奏者は鍵盤楽器の音律とそろえるべきだが（彼らはたいてい隣に座っていて、前述のように、鍵盤楽器と違う音律では簡単に演奏できない）、一方で他の楽器の演奏者は、低音に対してできる限り純正な音程で演奏する。したがって彼らは、ユニゾンが不可避で目立つ箇所以外は、鍵盤楽器の音律では演奏しない。一般的に、鍵盤楽器の隣で演奏する楽器が少なくなるほど、演奏者たちはその音律に合わせなければならなくなる。鍵盤楽器の入らない小さなアンサンブルならば、そしてもしその音楽が遠隔調へ転調していなければ、弦楽器奏者は、その曲のトニックとドミナントの和音に含まれる開放弦を純正五度に調律して、その埋め合わせに他のどこかを狭い五度にできる。しかし五度を等分にする音律の場合であっても、すべてを等分に演奏する必要はない。オーケストラでは、とくに管楽器が和音を長く伸ばす古典派の音楽では、重要な和音での管楽器がバス音に対して純正な音程で演奏することが非常に重要である。そうすることで、たとえ開放弦の調弦が多少異なっていようとも、互いの倍音を強め合って、強力な協和音の土台を作り出すだろう。和声と旋律のあいだのわずかな調律の違いよりも、調子はずれの持続和音のほうがよほど問題である。

旋律を演奏するときにも、純正音程を用いる利点がある。たとえば、二つの高音楽器の二重奏の演奏では、差音が響きを強調するし、場合によっては完璧なバス・ラインを作り出すこともある。二点ト音－二点イ音－二点ト音という流れが、二点ハ音－二点ヘ音－二点ホ音と同時に演奏されると、「仮の」バス・ラインとして一点ハ音－ヘ音－ハ音が聴かれる。実際、二つの比較的高い音が一緒に鳴ると、それぞれの周波数の違いで、唸るような低音をはっきりと聴くことができる。このように二点ハ音－二点ト音の純正五度は純正な一点ハ音を、そして二点ヘ音－二点イ音の純正三度は純正なヘ音を生み出す。これらのバス音がわずかに違うだけで、差音のピッチに大きく影響するため、純正音程の基準となりうる。

実際に演奏する段になると、何が歴史的に「正しい」のかを知るだけでは不十分だ。良い耳と、和声内の各音の機能を素早くつかむこと、そして実験や応用をしてみようとする姿勢、こうしたことが、最善の妥協案を見つけ出す助けとなるだろう。

テンポ、リズム、フレージング、アーティキュレーション、強弱、理想的な音、装飾音は、他の要素と互いに作用し合っている。これらすべてが、演奏者の「実践的な」語りかた、すなわち修辞学《レトリック》の材料となる。音楽における修辞学と言語における修辞学は、当然ながら関連がある。共通しているのは、どちらの領域においても、修辞学は説得力のある方法として、聴衆にメッセージを伝える助けとなるということだ。著作家や作曲家の目から見ると、修辞学は、巧みに何かを表現したりアイディアを整理したりすることを可能にし、それによって構造レベルでも感情レベルでも、形式が内容を高めるようになる。私は、演奏者の修辞学をこう定義したい――すなわち、聴衆に（文字による／音楽による）テクストを効果的に伝え、その意味を理解させるだけでなく感じさせ、同時に複数の多様なレベルで聴衆とコミュニケートすること。ただし音楽と言語は、関連し合っているとはいうものの、ことわざの通り、「音楽は言葉が終わるところで始まる」。したがって、音楽の修辞学は、言語に基づく修辞学と同じものではない。しかし、音楽について語ることは難しく、そして言語に基づく修辞学は文字によるテクストを分析するには便利な道具《ツール》であるため、学者たちは何世紀ものあいだ、音楽を語る有効なシステムとして、修辞学を用いてきた。私が思うに、それはある程度は機能するが、純粋に音楽的な事柄から遠ざかることもある（なぜ、演説と同じ方法でソナタ楽章を構築したり、分析したりしなければならないのだろう？）。言語に基づいた修辞学を音楽に応用することは、建築物をヘルツやデシベルで測ろうとすることに似た、間違った計測法のように感じられる。私はむしろ、パフォーミング・アーツの個々の特徴を見ていきたい。詩人、俳優、ダンサー、指揮者、歌手、そして器楽奏者すべてが、それぞれの規則や慣習を持っていて、それぞれの聴衆に受け入れられ、理解されている。これらの規則が時とともに変化するのは明らかである。

3 テンポとルバート Tempo and Rubato

テンポとルバートに関する詳細は、クラウス・ミーリングの『バロック時代と前古典派の音楽におけるテンポ』（一九九三年）、クリーヴ・ブラウン『古典派とロマン派の演奏習慣、一七五〇〜一九〇〇年』（一九九〇年）とリチャード・ハドソン『奪われた時間——テンポ・ルバートの歴史』（一九九四年）を参照のこと。

一九世紀になってメトロノームが普及するまでは、テンポに関する詳細な記述は、歴史的な資料にほとんど見られない。書かれていたとしても、額面通りに受け取れるものでもない。たとえば、作曲家の自作自演の録音を聴いてみると（およそ一九〇〇年以降になると残されている）、アレクサンダー・スクリャービンやエドワード・エルガーなどの作曲家が、自分で指定したのとは違うテンポでしばしば演奏していたことがわかる。私たちは、いくつかの作品がどのくらいの長さだったかを知っているが、おおよそのものでしかなく、常にリピート付きで演奏されたという証拠もない。エティエンヌ・ルリエやミシェル・ラフィラールといった何人かの著者が、振り子によってテンポを（規定するというより）描写しているので、そこから私たちはメトロノームの数値を計算できる。クヴァンツは『フルート奏法』の中で、テンポ表示について、一分間に八〇拍という人間の平均的な脈の単純な比で説明している。すなわち一六〇、一二〇、八〇、四〇である。彼はいくらか逸脱しうることは認めているが、自身のシステムを器楽曲に対して全般的に妥当なものと見なしている。ただ実際には、演奏はもっと多様であったに違いない。たとえばクヴァンツ自身の作品には、アレグロに対して一六もの修飾語句を見つけることができる。ディ・モルト（di molto）、ノン・モルト（non molto）、アッサイ（assai）、ピウ・トスト・アッサイ（più tosto assai）、コン・ブリオ（con brio）、フィエーロ（fiero）、スケルツァンド（scherzando）、コン・スピリート（con spirito）、スピリトゥオーソ（spirituoso）、マ・ノン・トロッポ（ma non troppo）、マ・ノン・タント（ma non tanto）、マ・ノン・プレスト（ma non presto）、ポコ（poco）、モデラート（moderato）、グラツィオーソ（grazioso）、グストーソ（gustoso）である。こうした修飾語句は、楽章の全体的な性格を描写するものだが、とはいえ確実にテンポにも影響するだろう。

ハイドン、モーツァルト、ベートーヴェンの弟子たちや同時代人は、正確なテンポ指示を与えた。そうした指示や一九世紀のメトロノーム記号が、古楽奏者にさえ真剣に受け取られていないことを私は残念に思う。

私たちはときに、指標が相対的であることに気づく。今日では、たとえばヴィヴァーチェはアレグロより速いと教わる。しかし、テレマンは《音楽による礼拝》（一七二五年）の序文で、ヴィヴァーチェをアレグロより遅いものと書いている。このことが必ずしもテレマンの同時代人みなに当てはまるわけではないが、彼自身の作品に——少なくともこのカンタータ集には——役立つ情報である。そもそもすべての指示が、異なる国で同じことを意味することはないし、上手に翻訳されているわけでもない。記譜法や、書かれた短かい音価の数を調べてみると、どちらの言葉も基本的に同じ意味だが、イタリア語のアレグロ（Allegro）は、しばしばフランス語のゲモン（gayment）よりも速い拍に用いられている。テンポと舞曲とが関連づけられることも多かったが、そこでさえ、さまざまな伝統が交錯している。すなわち、メヌエットやガヴォットが、いつでもどこでも同じ速さで踊られていたわけではないのだ。そして舞曲がもはや踊られなくなり、独立した器楽作品として存在するようになると、より洗練された複雑な音楽となって、よりゆっくりと演奏されるようになったと思われる。逆に、W・A・モーツァルトが姉に宛てててボローニャから書いた手紙（一七七〇年三月二四日付）は、オーストリアでは交響曲のテンポが速く、ミラノではメヌエットのテンポが遅い、と伝えている。それなのに、私たちはある舞曲の基本的な性格を、基本的なリズムの形によって理解しようとしている。今日の古楽の実践では、残念なことに、舞曲のテンポに関する歴史的な情報が表に出ることはほとんどない。

たとえ絶対的なテンポがわからないとしても、ある作品の二つの部分のテンポの関係は、拍子記号によって指示される。フランス風序曲では、リュリが確立したように、冒頭はたいてい「2」あるいは「¢」と記譜される。ただしこの二つの拍子記号は、違いが常に明確というわけではない。ゲオルク・ムッファトは《フロリレジウム（音楽の花束）》（一六九五年）への序文で、彼の師であるリュリの作品を証拠として引用して、2が¢よりも遅いと述べている。同じくリュリの伝統の中で修行したオトテールは、《プレリュードの芸術》（一七一九年）の中の、拍子記号に関するとても興味深く広範な叙述で、反対のことを述べている。ただし彼は、リュリ自身がこの二つを常に区別していたわけではない、とも付け加えているのだが。続くフガートの部分はたいてい「3」と書かれ、後半の一小節分に対応して、最初の2あるいは¢の部分の半分となる。これが一般的な規則として便利なことは確かだが、四分の三や「3」ではなく八分の三のような拍子記号もかなり頻繁に見られることを考えると、その比率は変わりやすいものだったのだろう。数多くの作品で（フルートのレパートリーで言えば、J.S.バッハの《管弦楽組曲》第二番BWV一〇六七、《無伴奏フルートのためのパルティータ》BWV一〇一三、《フルート・ソナタ ロ短調》BWV一〇三〇）、各部分や各楽章のあいだの単純な数学的比率を厳密に見ていくと、一つの、あるいは別のテンポでは説得力がなかったり、演奏が不可能になったりすることがわかる。

　多くの場合、〔速度記号は〕テンポというよりも性格《キャラクター》を示すものと私は考えている。たとえば「ヴィヴァーチェ」は、どのようなテンポでも、生き生きと演奏するという指示だと理解している。テレマンのヴィヴァーチェ楽章は、たいてい八分音符か一六分音符しか使われないアレグロよりも、多様な音価やリズム・パターン（八分音符、一六分音符、三二分音符の混合）が用いられる。こうしてヴィヴァーチェは、テンポは多少ゆっくりになるだろうが、多様性が加わることで、そしてアレグロよりも音価の短い音が速く演奏されることによって、非常に生き生きと聞こえるのである。性格の違いは、非常に繊細なものだ。たとえば私は、「ガヴォット・ゲ Gavotte gaye 」、「ガヴォット、ゲ Gavotte, gay」、「ガヴォット・ゲモン Gavotte gayment 」を完全に同義語とは見なしていない。一つ目では、性格はその作品自体によって与えられる。一方、三つ目では演奏者がより大きな責任を持つ。二番目のものはあまり特徴がなく、中間に位置しているように思われる。実際には、いちばん快活な最初のものから、最後のより優しい性格のものまで、グラデーションがあると思う。

音楽が演奏される環境は、常にテンポに影響を与える。そのため、同じ作品でも異なる状況で演奏されるなら、異なるテンポがふさわしい。外的な要素として決定的なものは、会場の音響、大きさ、とくに場所（オペラ座、舞踏室、宮殿の音楽室、自宅、教会、野外など）、楽器の選択（チェンバロはオルガンよりも速いテンポが可能）、アンサンブルの数、奏者の性格や才能、聴衆の有無、聴衆の質や規模、聴衆の音楽的趣味や教養などである。演奏に影響する要素はこのようにさまざまであるにもかかわらず、私たちは個々の演奏者の個性を聴きとる。これはとても興味深いことだが、相対的なものでもあり、どの基準が関係しているのかはわからない。ここでいくつかの例を挙げよう。J.S.バッハは速く弾いたと評されている。一八世紀後半のベルリン楽派の演奏者は、アレグロを非常に速く、アダージョを非常に遅く演奏したという(これは後述するように、装飾音に直接的に影響を与えた)。フランツ・シューベルトはテンポを非常に厳格に捉えていた、と言われる。

ところで、テンポはどの程度、一定のものと考えられていたのだろうか? レチタティーヴォでは、歌手は言葉の性格やリズムに従わなければならない。フランスでは、拍子記号を頻繁に変えることで、それをかなり正確に指示しているが、イタリア、イギリス、ドイツの作品では、歌手は言葉によるテクストを力強いデクラメーションで表現することを目指して、この要素をいかに扱うべきか、自分自身で見つけなければならない。他のジャンルについては、教則本の多くは一定したテンポを強調するが、単に教育的な配慮からとも読める。踊りの音楽では、一定のテンポがきわめて重要と思われるが、このような厳格さは、独立した器楽曲や声楽曲になっても本質的だったのだろうか? ベニーニュ・ド・バシイは、非常に詳細な声楽教本『優れた歌唱技術に関する興味深い指摘』(一六六八年)でこう述べている。ガヴォットにはアリアと同じく自由なテンポで歌われるものがあるが、他の作品では舞曲のように、拍子の厳格な比率が認められなければならない、と。フランソワ・クープランが「拍子 mesuré」と指示している作品があるが、そのような指示がない作品はすべて、自由に演奏されるべき、という意味なのだろうか？　もしそうだとしたら、どのくらい自由にすべきなのだろうか？

ロジャー・ノース、ピエール・フランチェスコ・トージ、C・P・E・バッハ、W・A・モーツァルト、F・ショパンなどは、ルバートについて、厳格なテンポが保たれる伴奏に対してソロ・パートを自由に演奏することだとしている。私はこれを「古いold」ルバートと呼び、それとは対照的にすべての声部でテンポが変わるものを「新しいmodern」ルバートと呼びたい。楽譜上ではっきりとそのように要求されている例は非常に少ないので、どこで、いつ、どのようにこの「古い」ルバートが適用されるのかを知ることは、独奏者の訓練と良い趣味にかかっている。私の仮説では、拍節どおりのバスのあいだにメロディーが差しはさまるようなシンコペーションで記譜される。こうしたことは、ピエトロ・ロカテッリやC・P・E・バッハ、W・A・モーツァルトでよく起こる。明らかにこの種のルバートは優れたものだが、演奏は難しいとされていた。今日ではこうした演奏を聴く機会は稀だ。私が夢見ているのは、モーツァルトのピアノ・ソナタの緩徐楽章で、彼自身が述べているように、左手は一定に、右手ではルバートをかけて美しいパッセージが演奏されることである。一七七七年一〇月二四日、モーツァルトは父に宛ててこう書いている。

私がいつも正確なテンポを保っていることに、皆が驚きます。アダージョでルバートをするとき、右手がやっていることを左手が無視するということを彼らは理解できないのです。彼らの場合、左手が右手につられてしまいます。

モーツァルトの《ヴァイオリン伴奏付きチェンバロのためのソナタ》KV七（一七六四年）の第二楽章は、モーツァルトがすでにかなり幼い頃にこの技術を身につけていたことを示している（譜例1を参照）。

もし伴奏が旋律のルバートにつられてしまうと、基本的なテンポが失われ、「新しい」ルバートが「古い」ルバートに取って代わることになる。このことは音楽に、まったく異なる様式感を加える。『正しいクラヴィーア奏法』（一七五三年及び一七六二年。一七八七年に増補版）の中で、C・P・E・バッハは新しいルバートについても語っているが、独奏者、あるいはよく練習を積んだ小さなアンサンブルでのみ用いることを勧めている。彼はたとえば、あるパッセージを長調ではなく短調で繰り返す際、よりゆっくりと演奏するよう提言している。重要なことは、これを無意識で用いることに対し、C・P・E・バッハが強く警告している、ということである。

どちらのタイプのルバートも、二〇世紀までは並行して存在していたが、「一声部に対する他の声部」の絶妙な多様性は、徐々に、もっと明確な基本テンポの変化に取って代わられた。

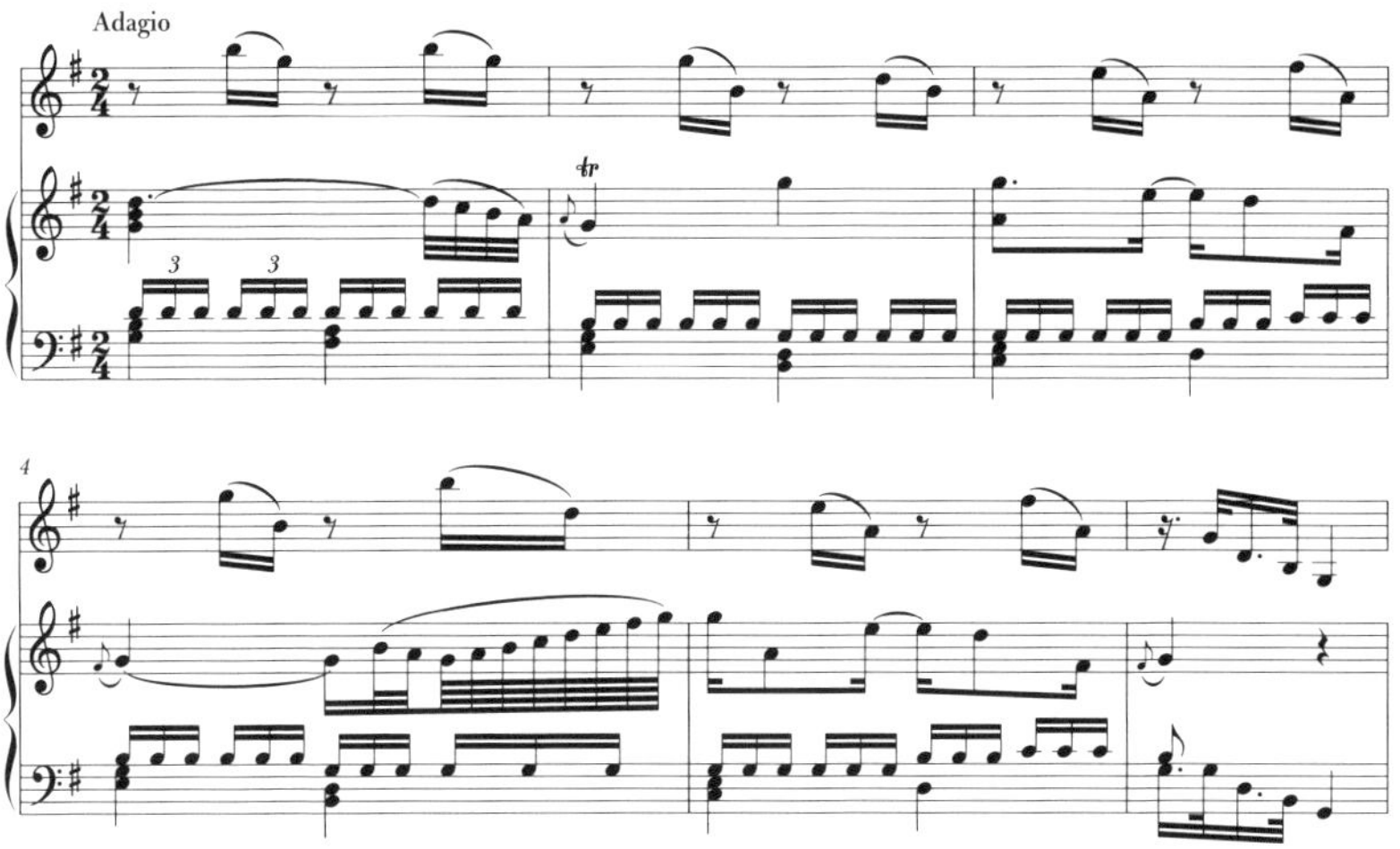

譜例1　W.A.モーツァルト《ヴァイオリン伴奏付きチェンバロのためのソナタ》KV7（1764年）よりアダージョ、第1〜6小節

リヒャルト・ヴァーグナーは、それぞれの小節にそれぞれのテンポがあるべきだと主張し、テンポの変化のタイプを例示した。だが、クロード・ドビュッシーはそれに同意しなかったようだ。ドビュッシーにおいては、同じ作品内で（フルート、ヴィオラ、ハープのためのソナタや《シランクス》を参照）、テンポ変化の指示（アッチェレランドやリタルダンドのように段階的に、あるいは少しずつ変化させるもの）が頻繁に見られるが、ルバートも書かれている。この場合、基本テンポは変わらないままだろうと私は考えている。

どちらの種類のルバートも、その使い方は時と場所によって、またそれぞれの音楽家によって大きく変化した。たとえば一八世紀のイタリアのヴァイオリニストたちは、かなり自由に演奏したと伝えられている。チャールズ・バーニーは、旅行記で多くの価値ある内部情報を提供してくれているが、フランチェスコ・ジェミニアーニがナポリ歌劇場のコンサートマスターだった頃、彼のルバートと頻繁なテンポ変化が周りにカオスを生み出した、と伝えている。またクヴァンツは、イタリアのヴァイオリニストたちがいかにオーケストラのまとまりを壊したか、生き生きと描写している。音楽に関する記述によくあるように、私たちは演奏者がどの程度そうしたことをおこなったのか、どこまでが許容範囲だったのか、それは誰にとってだったのか、といったことを知ることはできない。その結果、過去に関する知見を活かした演奏［ＨＩＰ］で今日、問われるべき疑問は――ルバートに関してだけではないが――「良い」例に倣うべきか、それとも「悪い」例に倣うべきか、ということである。そして、その良し悪しは誰の趣味によるものなのだろうか？　音程が悪く演奏がそろっていなくても、そのようなオーケストラが存在したという記述があれば、そうした「歴史的に正確な」オーケストラを私たちは聴きたいと思うだろうか？　それとも、こうしたカオスは興奮の一部であって、イタリア音楽からよく連想させられる情熱の焔だったのか？　そのような行き過ぎ（少なくとも現代の私たちの耳には）を避けようとして、演奏を洗練することは、音楽の本質の一部を奪っているのではないか？　私が言えることは、歴史的な知識と勇気をもって実験あるのみ、ということである。広く受け入れられている伝統に固執するほうが、演奏者は安心できるし、聴衆の心をかき乱すこともないだろうが、それではせっかくの機会を逸しているように感じられるのだ。

4 リズム Rhythm

ステファン・E・ヘーフリングは、不均等とそれに関連する事柄について、もっとも徹底的に研究した人物だ。それが『一七、一八世紀の音楽におけるリズムの変更』（一九九三年）である。しかし私は、折に触れて、歴史上有名なテクストに対して彼と異なる解釈をおこなうし、話す言葉との関連をより強く感じている。二〇〇七年二月と二〇一二年二月の『古楽』誌で、ジョン・バードは一七世紀末から一八世紀前半のイタリア様式の作品に見られる不均等について、とても興味深い例を示している。

一八世紀の音楽家は、現代の私たちのように、ごく細かい音価に至るまで厳格なソルフェージュの規則を守っていたわけではなかった。そのような音符は、本質的というより装飾的なものと捉えられていたようで、もっと自由に、記譜された音を適宜伸縮して演奏していたらしい。しかしもう一段階大きなリズム単位は、そのような変化に影響されることはなかった。

この最小音価の不均等は、少なくとも古代ギリシャや古代ローマ以来、ヨーロッパ中の詩や演劇で一般に用いられてきた、弱強格（短－長）あるいは強弱格（長－短）と結びつけて考えることができる。今日の話し言葉では、暗黙のリズムの不均等はたいてい無視されているが、一七、一八世紀の劇場の朗読や歌唱では（まだ）そうではなかった。典型的な例は、グルックの有名な〈エウリディーチェを失って Che faro senza Euridice〉（《オルフェオとエウリディーチェ》（一七六二年）より）あるいはそのフランス語版〈エウリディーチェを失って J'ai perdu mon Euridice〉（一七七四年）である。歌手の最初の二音は同じ八分音符で書かれているが、今日でさえほとんどの人が、正しい韻律の語法で求められるとおり、最初の音を二番目の音よりも長く歌っている。興味深いことにベートーヴェンは、クラーマーのピアノ練習曲へのメモに、詩節の正確な知識とその応用が必須であると書き込んでいる。その結果、彼はこの練習曲のいくつかで、最小の音を不均等にするよう勧めるとともに、そうしたことが自分自身のピアノ曲への最良の準備になると考えていた。私はこうしたアプローチが好きで、時々聴いてみたくなる。

ドイツ語では、アクセントのあるシラブルや音は、長さより強さによって表現された（もちろん、それだけではないが）。これは、ヨハン・ゴットフリート・ヴァルターの『音楽作品の知覚』（一七〇七年）や『音楽事典』（一七三二年）で明確に述べられている。彼は長短のシラブルの交替を示すために、「私の魂は呼び叫ぶ meine Seele ruft und schreyet」という、彼に言わせれば「本質的には長く」または「本質的には短く」演奏されるべきだが「表面上は等しく」書かれているフレーズを用いている。彼によると、それらはそれぞれ強弱を伴って歌ったり弾いたりされるべきで、弱い音はより短くあるべきだという。フランス語の朗読では、強さより長さで強調が与えられる。アクセントのついたシラブルは、アクセントのないシラブルのおよそ二倍の長さで発音される。実際にどれくらい不均等になるかは、朗読されたり歌われたりするテクスト次第である。事実バシイは、『優れた歌唱技術に関する興味深い指摘』(一六六八年)の、発音と韻律論に関する非常に長い章のなかで、アムール(amour)の「ア」はプレズィール(plaisir)の「プレ」よりも短くなければならない、と説明している。

イタリア語の歌唱においても同様で、詩の韻律構造が尊重されればテクストはよりわかりやすくなるだろう。イタリア語の声楽曲、とりわけ一八世紀前半の声楽曲では、前述のグルックの例に似た不均等が実践されたらしい例が数多く見られる。イタリアのA・スカルラッティやG・ボノンチーニ、L・ヴィンチ、イギリスのG・F・ヘンデル、ドイツのR・カイザーのような作曲家は、しばしば歌の声部に(シラビックなパッセージでもメリスマ風のパッセージでも)均等な一六分音符を書いたが、同じモティーフが通奏低音やオブリガート楽器、あるいはオーケストラでも弾かれる場合は、付点をつけて記譜していた。明らかに歌手は、テクストの韻律構造に従って、どのシラブルがより長くあるいはより短く歌われるべきかを知っていることが期待されていた。一方、テクストがない器楽の場合には、いくぶん詳しく記譜される必要があったというわけだ。イタリアでも、どの程度不均等にするかは歌われるテクスト次第だったことは確かである。

器楽奏者は常に、モデルとして歌手を必要とし、模倣したり、適切な場所で伴奏したりするために、歌手を注意深く聴く必要がある。純粋な器楽曲では、器楽奏者は歌手と同じような柔軟さをもち、音符の下に歌詞を想像することになる。

等分に書かれた短い音を不均等に演奏せよという要求は、一五五〇年から一八〇〇年頃まで記録が残されている。私たちがこの原則についてよく参照するフランスでは、リズムの不均等さが言語の韻律論においてもっとも一貫していて、そのために（すべてではないが）もっとも多くの言及を見出せる。数多くの教則本は、器楽のためのものも声楽のためのものも、概して「ノート・イネガール notes inégales」については一致している。体系的に、強拍の音やその一部は長くなり、続く音は短くなる。長短の比率は曲の性格に従って変化するが、付点リズムのように三対一になることはめったにない。《オルガン曲集》（［第一巻］一六六五年）の序文で、ギヨーム・ニヴェールは不均等について「付点の点の半分くらいを加える」という美しい説明を記している。非常に速い音、三連符、ある状況での大きな音程や反復される音は不均等から除外される。最後の「反復音」に関しては、《ラ・マルセイエーズ》（一七九二年）のさまざまな楽譜が情報を与えてくれる。すなわち、ルージェ・ド・リールは冒頭を付点リズムで書いており、それに倣うエディションも多いが、同時代のかなりの資料は、同じ音価で記譜しているのである。均等に記譜されていようと、この旋律をどう歌い演奏すればよいか、皆が知っていたからだろう。

あらゆる資料から、フランスの「イネガール」が装飾でもオプションでもなく、純粋に必要なものだったことが明らかになる。良い趣味は、いかに不均等に歌ったり弾いたりするかを知ることであり、不均等を用いるかどうかという問題ではない。用いるのがあたりまえだった。フランスの作品では不均等が書かれた通りに用いられていたとは限らない。それは皆がどこでそれを用いるべきか知っていて、例外的な場合のみ、指示や禁止のための特別な記号が求められたのである。

ヨーロッパ中でヴェルサイユの栄華が模倣されたように、フランス音楽（ルイ一四世の宮廷の際立った特徴の一つ）、とりわけ序曲と舞曲からなる組曲の形式は、ドイツやイギリスでもたいへんな人気を誇った。フランスのスタイルで多くの組曲を書いた作曲家には、J.S.バッハやヘンデル、テレマンなどがいる。ヘンリー・パーセルやヘンデルはそれをオペラや鍵盤作品に使い、アルカンジェロ・コレッリ、アントニオ・ヴィヴァルディ、フランチェスコ・マリア・ヴェラチーニでさえ、ときにそれを用いた。こうした外国人たちがどれほど巧みにフランス様式を、適切な装飾やイネガールを付けて演奏したのか、私たちには知るすべがない。しかし、いくつかのオーケストラはリュリの弟子たちをリーダーとして迎えていたので、かなりの知識や伝統が受け継がれたと見ることができよう。私は、フランスの外で、フランス起源の多くの舞曲が表情豊かな不均等さをもって演奏されていたと考えている。だが当然、その結果はさまざまだっただろう。ラジオも録音もテレビもなかった時代のことなのだから。

フランス以外で、フランスの序曲や舞曲の様式で書かれていない作品にも、不均等が一般的に受け入れられていたのかどうか、よくわかっていない。クヴァンツを除いて、ドイツ人、イギリス人、イタリア人は、理論書で不均等についてほとんど言及していないからだ。もし用いられていたとしても、フランスほど広まっていたわけではないだろう。不均等の代わりによく目にするのは「良い」音と「悪い」音という概念である。つまり、二拍目よりも一拍目のほうが強いが、必ずしも長いわけではないというものだ（この概念については後述する）。しかしクヴァンツは、不均等をあらゆる音楽に応用すべきだとしている（ただし、彼は不均等の説明をフランス音楽に関連づけては全くしていない）。彼のこの主張は他に類を見ないものだが、一八世紀中頃の非常に影響力のあった芸術家として、多くの追従者がいたことだろう。彼がどこでこのアイディアを得たかは、相当はっきりしている。有名なフランス人フルート奏者で、当時非常にフランスの影響を受けていたドレスデン宮廷のオーケストラで第一フルート奏者を務めていたビュファルダンに彼は習っていた。だからこそクヴァンツは、フランスの不均等に親しんでいたのだろう。この宮廷オーケストラを率いていたのは、やはりフランス人で、おそらくリュリの弟子だったジャン＝バティスト・ヴォリュミエだった。一方クヴァンツは、ウィーンやイタリアを旅行した際に、あるいは後の（その時にはよりイタリア化していた）ドレスデンのオーケストラやベルリンでのキャリアを通して、素晴らしいイタリア人歌手の演奏を聴く機会もあった。クヴァンツは自身の教則本で、器楽奏者はそのモデルをイタリアの歌唱伝統に求めるべきだと主張している。これまで見てきたように、イタリアの声楽における不均等は、楽譜ではほとんど示されず、フランスほど体系的でなかったとはいえ、広まっていた。クヴァンツは、フランスと同様、イタリアの不均等の実践からも影響を受けていた。したがって、『フルート奏法』（一七五二年）に示されている不均等の適切な応用の規則が、多くのフランスの教則本に共通する規則とは、完全には一致しないことも理解できる。興味深いことに、不均等についての記述は、クヴァンツの教則本に三〇回以上も現れ、単純でよく引用される基本ルールよりも詳細なニュアンスで書かれている。前述のクヴァンツの《ソルフェージュ》には、追加の例や例外が多数示されている。これらは一般的な規則への微妙な差異や例外として理解されよう。というのも、まさにそのような箇所で不均等を応用することが、誰にとっても明らかというわけではなかったからである。こうして私たちはクヴァンツ自身やテレマン、W・F・バッハ、そしてその他の同僚や友人たちのよく知られたフルート作品から、特殊なパッセージについて、貴重かつ直接的な情報を得ることができる。こうした情報をなぜ多くの演奏者が無視し続けるのか、私にはまったく理解できない。

イタリア音楽における不均等は、フランスでもよく記録されている。それはただ、すべてを「フランス風」というフランス独特の演奏習慣で示しているだけと信じたがっている人もいるが、このような場合は、不均等はイタリアの例においても事実であると、私は多くの証拠から確信している。オトテール・ル・ロマン（おそらく彼は、コレッリの全盛期である一六九八〜一七〇〇年にローマで活躍していたため、このように呼ばれていた）は、『プレリュードの芸術』（一七一九年）の拍子記号や不均等の効果に関する長い説明のところで、コレッリの例を多く引用している。彼はコレッリの演奏の重要な目撃者である。もし彼がそれらの作品を均等に弾くのを聴いていたならば、不均等の例としてコレッリを選ぶのは非常に奇妙なことだ。ミシェル・コレットのヴァイオリン教本（一七三八年と一七八二年頃）、チェロ教則本（一七四一年）、フルート教則本（一七四二年頃）、そしてバルドゥッシュー・ド・ヴィオール［トレブル・ガンバより四度高い音域の楽器］の教則本（一七四八年）から浮かぶイメージは、イタリア音楽では八分音符は等分に演奏されるべきである一方、一六分音符はたいてい不均等に演奏されなければならない、と彼が考えていたことを示している。たとえばフルートの教則本では、イタリアにおいて C または ¢ のアレグロあるいはプレストのソナタや協奏曲の楽章は、時々（強調はクイケンによる）一六分音符を均等に演奏する、と書かれている。コレットは当時のパリで、コンセール・スピリテュエルのほか、至るところで聴かれていたイタリア人音楽家であった。オトテールと同じように、彼自身が聴いたこととは違う演奏実践を書き留めた、というのは奇妙な気がする。

残念なことに、どこでどのように不均等を使えばよいのかが不確かなことから、多くの演奏者がフランス音楽においてさえ、不均等から遠ざかってしまっていたようだ。このことをヨハン・マッテゾンは『旋律学』（一七三七年）と『完全なる楽長』（一七三九年）で、塩なしで料理するかのようだと述べている。

その他、記譜されたリズムからの逸脱としてよくあるのは、より複付点に近い「きつめの付点 over-dotting」である。これは不均等の結果であり得るが、そうとも限らない。もし八分音符が不均等に演奏されねばならないなら、付点四分音符のあとの八分音符は、同様に短くなるだろう。しかしながら、「きつめの付点」は不均等とは独立したものである。それは一八世紀後半からの多くのドイツの資料が伝えていて、付点八分音符から（あるいはアラ・ブレーヴェでは付点四分音符から）付点を伸ばし、付点のあとの音をできるだけ遅れて入って素速く演奏するよう求めている。「きつめの付点」は必ずしもそのとおりに演奏しなくてもよい。付点の代わりに休符を入れることもあり得た。きつめの付点の原則は、とくにそれが効果的なフランス風序曲に限らない。クヴァンツ、C・P・E・バッハ、レオポルト・モーツァルトなどによれば、きつめの付点は広く用いられる必要がある。

他方で、より三連符に近い「ゆるめの付点 under-dotting」は、付点リズムと三連符が同時に現れる場合に関連して言及されている。クヴァンツやC・P・E・バッハはそれぞれの教則本で、またJ・F・アグリコラは『一般ドイツ図書館』(一七六九年)への記事の中で(この三人は同時期にフリードリヒ大王の宮廷に勤めていた)、それぞれこの問題へのかなり異なる解決方法を提示している。クヴァンツは付点リズムがきつめの付点になるように、付点のあとの音は、三連符の三番目の音のあとにできるだけ遅れて奏されるべきだとした。C・P・E・バッハは、付点のあとの音は三連符の最後の音と同時に演奏されるべきだとした(つまりゆるめの付点)。さもなければその効果は不快なもので、実行するのは難しい、と。アグリコラはもっとも柔軟で実践的なアプローチをとり、テンポによって異なるとした。すなわち、非常に速いテンポの場合のみ、付点のあとの音が三連符の最後の音と同時に演奏されるべきだとした。彼は尊敬する師のJ・S・バッハを権威として引用したが、もちろんJ・S・バッハはC・P・E・バッハの唯一の師匠でもあり(このことを息子は誇らしげに述べている)、アグリコラはC・P・E・バッハとクヴァンツの弟子でもある。付点リズムと三連符を合わせる弾き方は、生きた記譜法として、少なくともシューベルトやショパンにまで見出すことができる。

私は、「ゆるめの付点」で演奏されるべきと思われる他の状況にもよく出くわすが、今のところ、それについての直接的な言及は見たことがない。一八世紀前半のイタリア、イギリス、ドイツのソナタ(とくにヘンデルの作品)における冒頭のゆっくりした楽章の最上声部は、ほぼ必ずと言ってよいほど、付点一六分音符や付点三二分音符の声部とペアになっている。これらの楽章はいわゆる「序曲様式」ではなく、通常の「きつめの付点」で演奏してしまうと、非常に硬く厳密になってしまう。それらをゆるめの付点にする手がかりは、フランスに見出せる。F・クープランは『クラヴサン奏法』（一七一七年）の中で、「フランス人作曲家が暗黙の慣習にのっとり不均等として記譜しないのとは対照的に、フランス人以外の作曲家は概して、聞かれたいようにリズムを記譜する」と述べている。フランスの不均等は正確に書くにはあまりに微妙で多種多様だが、だからといって絶対に均等には聞こえない。クープランはこのように、いずれにせよ不均等に演奏されるだろうと知りながら、パッセージを均等な音符で記した。フランス以外では、演奏者はそうするようにわざわざ指示される必要があった。したがって、フランス人以外の作曲家が不均等のようなものを聴きたいと思えば、おおよそのリズム、つまり付点リズムとして書く以外に選択肢はなかった。実際、私はフランス人以外の作曲家の楽譜に「フランス風の不均等さで演奏せよ」という指示を一度も見たことがない。不均等それ自体はたいてい付点よりも長くはないので、イタリア、イギリス、ドイツでこれに相当するものには、きつめの付点よりもゆるめの付点が要求されたことだろう。長短の音のあいだのさまざまな比率は、フランスのイネガールのように、このような楽章をより柔軟で表現豊かにする。それらの不均等な演奏は、前述のように、イタリア様式の声楽に見られる不均等とかなり似た響きがしただろうと私は思う。

　全体として、一七、一八世紀の音楽のリズム解釈が、少なくとも短い音価については型通りではなかったことが明らかとなった。そこには選択の余地があり、知識と責任を持って、選択しなければならない。楽譜通りに演奏することは、何らかの理由で厳格にそうすることを選ぶのでなければ、必ずしもふさわしくない。

　ジェミニアーニの《ヴァイオリン奏法》(一七五一年)は非常に興味深いもので、いくつかの基本的なパッセージについて、速いテンポの場合と遅いテンポの場合の両方について、複数の奏法が示されている。まったく書かれた通りの単純な演奏を——これは今日もっともよく耳にするものだが——ジェミニアーニは「二流 mediocre」、「悪い cattivo」、「非常に悪い pessimo」あるいは「たいていの場合悪いが、特別な効果としては良い場合もある cattivo o particolare」とした(譜例2を参照)。

　作曲家はなぜ、もっと厳密に書かなかったのだろう、と疑問に思う人もいるかもしれない。おそらく、必要がなかったからである。演奏者はどうすればよいのかを知っていたし、あるいはそうしたことは問題ではなかったからである。「良い趣味」とは、実際、さまざまなニュアンスを帯びるものなのだ。

譜例2　F. ジェミニアーニ《ヴァイオリン奏法》Op.9より〈例20〉（1751年初版。この譜例は1765年頃にロンドンのブレムナー社から出版された第2版、27頁。）ブリュッセル王立音楽院図書館に掲載の許可をいただいた（B-Bc8905）

テンポとリズムは、作曲家によって少なくとも大まかには指示されるのに対し、フレージング、アーティキュレーション、強弱（つまり演奏者の「叙述 elocutio」に関する基礎的要素）はまったく示されないことが多かった。近年の素晴らしい二つの研究（一七世紀に関するものと、一八世紀に関するもの）は、この広範なテーマを詳細に論じている。時代錯誤であったり、流行にのった思考ではなく、同時代のさまざまな資料や作品、ソルミゼーションや対位法、フーガ、作曲、鍵盤楽器、通奏低音、修辞学に関する教則本を丹念に読み込んでおり、表現、フレージング、強弱などの演奏習慣について、魅力的な「内部からの観点」をもたらしている。寛大にも、執筆中にアイディアを共有してくださった二人の著者に感謝する。

アンネ・スミス『一六世紀の音楽の演奏——理論家から学ぶこと』（二〇一一年）

エワード・デマイレ『ヨハン・ゼバスティアン・バッハの《フーガの技法》——18世紀ドイツの理論に基づく演奏実践』（二〇一三年）

5 フレージング Phrasing

今日の音楽実践の主流は、「息の長い演奏」である。水平的な観点が明らかに支配的で、時に垂直的な観点を圧倒しさえしている。それぞれの音は、左右の隣り合う音とよく似ていて、ほんの少しずつ変化する。だが、かつて音楽は、まさにこの社会と同じように、民主的ではなかった。つまり、すべての音が平等ではなかったのだ。先に見たように、一二の半音はまったく均一ではなかったし、短い音は不等分に演奏されることもあった。ここでは、そのヒエラルキーの原則がさらに広がっていくことを説明しよう。

音楽を言語と比べるとき、文法のフレーズと音楽のフレーズは同じものと見なすことができる。フレーズとは、いくつかの伝えたいことを複雑に組み合わせて表現することである。音楽のフレーズとは、伝えたいことをわかりやすく表現する方法、または感情や構成内容を結びつけるものと言える。わがフラマン語では、フレーズあるいはセンテンスのことをzinという。これは英語のsenseに関連する単語だが、方向、ゴール、目的、重要性、願い、楽しみ、という意味も持っている。zin はまた、五感を意味する言葉でもあり、感受性、官能性といった意味もある。私が思うに、確かにこうした要素を含んでいなければ、文学や音楽のフレーズは「意味をなさない［センスがない］」。

しかし、「フレーズを長くとる演奏」では、（あらゆる意味での）zinや、個々の言葉のデクラメーションは、音の水平的な流れの犠牲になってしまう。ヘルベルト・フォン・カラヤンの録音は、このスタイルの頂点と言える（同じベルリン・フィルハーモニー管弦楽団でも、サイモン・ラトルの指揮では少し方向性が変わる）。最良の場合なら、フレーズの全体的な情念《アフェクト》が表現されるだろう。だが最悪の場合には、音の表面的な美しさがあるだけだ。基本的にそれは、フーゴー・リーマンの『音楽の強弱とアゴーギク――フレージング教本』（一八八四年）と『音楽のリズムと拍節の体系』（一九〇三年）によって規定された規則を応用したものである。このシステムは、次のように要約することができるだろう。

・音楽はアウフタクトごとに進んでいく。
・クレッシェンドとアッチェレランドによって推し進められて、クライマックスに到達する。クライマックスのあとは、ディミヌエンドとリタルダンドをかける。
・旋律が上行するときにはクレッシェンドとアッチェレランドをかけ、下行するときにはディミヌエンドとリタルダンドをかける。（二〇世紀の後半になると、アッチェレランド／リタルダンドという要素は、次第に流行らなくなった。おそらくロマン的すぎると判断されたからだろう。）

驚いたことに、古楽の専門家の多くも、この原則に従っているようだ。歴史的に見れば、こうしたことは規則というよりも例外であることは、容易に証明されるというのに。この後期ロマン派的フレージングは、もちろん私たちが慣れ親しんだものであり、専門家ではない一般の聴衆には理解しやすいものであろう。そのため、違う慣習の中で作曲された音楽でさえ、好んでこのように演奏されてきた。それはよく理解できるが、安易な成功の代償は大きすぎると思う。古い音楽がこの後期ロマン派的スタイルで演奏されるとき、その zin の一部を失うことになるだろう。濃厚なソースがかけられた演奏では、作品の個性の多くが覆い隠されてしまう。そうなると、モンテヴェルディとヴェルディ、ロッシとロッシーニ、バッハとオッフェンバック、どれも似たり寄ったりに聞こえることだろう。

リーマンは、理論家によくありがちなように、革新的だったのではなく、数世代かけてゆっくりと発展し、通用するようになった実践を体系化したのだろう。これは、クヴァンツの態度とはまったく異なる。では、リーマンより前の理論に見出せるのは、どのような規則だろうか？　声楽教本が、非常に有益な情報を与えてくれる。というのも、歌手は理想的な演奏者と見なされ、洗練された音楽のフレージングを作るために、言葉に依拠することができたからである。クヴァンツやC・P・E・バッハ、L・モーツァルトによる器楽の教則本はどれも、優れた歌手をお手本として模倣すべきと言っている。こうした資料に見られる原則は、次のようにまとめられるだろう。

・「良い音」（この概念は第7項「強弱」でさらに詳しく説明する）と、強調されるシラブルや音は、飛び込んで入るより、ちょっとした間《ま》をはさんで入る。少し遅れて入ることさえある。
・詩脚（poetic feet）は、作曲家や演奏者にとって非常に重要なものとされていた。このことはマッテゾンの『完全なる楽長』（一七三九年）をはじめ多くの理論書に記されているし、ベートーヴェンがクラーマーのピアノ練習曲に書き込んだ注釈にも見られる。
・良い韻律（prosody）と似て、音楽では小節の中で差がわかるような強弱を用いるべきである。私はこのことを「ミクロな強弱」と呼ぶ（第7項を参照）。これにより、次のクライマックスに向けて、あるいはフレーズの最後の音に向けて、音を強めることを避ける。

この考え方は、一八四〇年頃以前のベル・カント唱法と強く結びついていると思う。ベル・カント唱法は器楽にも応用されたが、そこで非常に重要だったのは、ソン・フィレ（sons filés）——

一つの長い音でクレッシェンド／デクレッシェンドをかけることである。また、音が上行するときには、自動的にクレッシェンドをかけるのではなく、ディミヌエンドを含むことも重要だった。このような声楽の理想から、「近代的な」歌唱への移行――すなわち均一性と同質性が強調され、歌詞のアクセントは無視して高音がより大きく重く歌われる歌い方への移行――は、一九世紀中葉の有名な声楽・ピアノ教師にしてシューマンの義父、フリードリヒ・ヴィークがはっきりと記している。皮肉たっぷりの、しかし非常に興味深い『クラヴィーアと歌唱――教授法と論争』（一八五三年）において彼は、この新しい流行に対して強い反対の立場を表明している。ヴィークはまた、ピアノ演奏においても歌唱と同じように、力のために優雅さを犠牲にする傾向が見られると指摘している。

6 アーティキュレーション Articulation

アーティキュレーションに関しては、声楽教本が大いに参考になる。子音や母音を明瞭に発音し、正しい韻律を尊重する、という歌手の義務が強調されているからである。強調されているということは、おそらくかつての歌手たちも、皆がこうした義務を果たしていたわけではないことを示している。ゲーテは一八〇七年に、ほめているわけではなくこう言っている。「声楽（Vokalmusik）と呼ばれるのは、（今日の）歌唱では母音（Vokalen）しか聞こえないからだ！」

アーティキュレーションの問題でも、音楽と言語を対比して考えることができる。私たちは、正しく話すのは当然として、日常の会話と、人前での演説とは違うということも理解しなければいけない。マイクと拡声器の発明は、朗読法と修辞学に悲惨な影響を与えた、と私は確信している。ラジオやテレビのアナウンサーは、マイクに向かって感情的なアクセントをつけることなく、明瞭に落ち着いて話す訓練を受ける。「地震で二千人の人々が亡くなりました」も「今日は全国的に良いお天気になるでしょう」も、同じようなトーンだ。この種の中立的な「公の」

声は（実際には、スタジオにこもって収録されるわけだが）、私たちにとって馴染みのものとなっていて、公のスピーチだけでなく演奏にとっても、模倣すべきモデルとなってしまう恐れがある。すべてが快適で、明瞭で、美しく、そして平等に響く。そのこと自体には何の危険も問題もない。危険なのは、私たちが声の響きと同じように、メッセージの感情的な内容とは無関係に、音楽を感じ始めることである。

マイクや拡声器がもたらしたもう一つの弊害は、教師、弁護士、聖職者、ポピュラー音楽の歌手、あるいは俳優までもが、よく響く声を鍛える必要がなくなったことである。テクノロジーが彼らに代わって仕事をしてくれるからだ。古い録音、たとえばコメディ・フランセーズやシャルル・ド・ゴール、アドルフ・ヒトラー（内容は無視することにして）、ウィストン・チャーチル、マーティン・ルーサー・キング・ジュニア（一九六三年の「私には夢がある」）を聴くと、さまざまなテンポやリズム、素晴らしい抑揚と強弱があり、情熱をかきたてるような言葉にはたっぷりとヴィブラートがかかっているのがわかる。二〇世紀初期のウィーンの著名な俳優、アレクサンダー・モイッシ（一八七九〜一九三五）は、同じような特徴を、おそらく他の誰よりもはっきりと示した。たとえば彼が録音したゲーテの『魔王』や『ファウスト』やシェイクスピアの『ハムレット』を聴いてみると、シェーンベルクが《月に憑かれたピエロ》（一九一二年）で用いた「シュプレッヒゲザング」は、すでに俳優が行っていたことを、音高や音価におおまかに結びつけて記譜したにすぎないことがわかる。アンドレ・エルネスト・モデスト・グレトリーは『回想録、あるいは音楽に関するエッセイ』(一七八九/一七九七年)の中で、俳優がテクストを朗唱しているのを聴くと、声楽曲の作曲がはるかに楽になる、と書いている。朗唱が作曲家に、旋律とリズムを与えてくれるからだろう(韻律的朗唱については、第4項「リズム」を参照)。今日、私たちはこの種の熱弁を、誇張されすぎている、不自然だと非難するかもしれない。けれども、現代の俳優が作曲家のために良いモデルであるかどうか、私にはよくわからない。

フレージングと同じくアーティキュレーションも、器楽奏者は歌手を模範とすべきである。ここで再び、アーティキュレーションの現代の様式と、かつての教則本の多くに書かれた原則とのあいだに、重要な違いがあることに気づく。現代の様式では、ほとんどの音ができるだけ長く演奏され、すべての音を同じように始めることにあらゆる努力が向けられている。このことは、現代のピアニストの多くが、単調なアーティキュレーションで、かつレガートで演奏していることに明確に表れている。管楽器や弦楽器の演奏でも同じようなアプローチが多く、明瞭な音の立ち上がり(母音の前の子音に相当する)は避けられる。このようなスタイルについて、著名な歌手エリーザベト・シュヴァルツコップは著書『レコードうら・おもて』(一九八二年)で、興味深い事実を明らかにしている。彼女の夫で二〇世紀中葉に大きな影響力をもったレコーディング・ディレクター、ウォルター・レッグとヘルベルト・フォン・カラヤンが発展させた弦楽器の響きを描写しながら、彼女は次のように語っている。

精巧に磨かれ、美のない世界とは無縁の、非常に輝かしく、出だしで雑音のないフォルティッシモ……。私たちは数年間、弦楽器はつねに弾き始めからヴィブラートをかけ、弓はすでに弾く前から動き始めているべきだという考えのもとに共に活動した。もし動き出す弓がすでにヴィブラートがかかっている弦に触れれば、美しい入りになる。しかし、もし十分にヴィブラートがかけられていない弦に弓が直接当たれば、カチャッとした音が出るだろう。

カラヤンの録音を聴けば、こうした目的を彼が見事に達成し、新しいスタンダードを確立したことがわかるだろう。以後このスタイルが、二〇世紀の主要な弦楽器奏者にとって一つのモデルとなり、どの時代のレパートリーでも適用されることとなったのである。

それに対して一七～一八世紀の教則本では、アーティキュレーションの技術的な諸要素は、各楽器の特性に合わせて適用されることが示されている。すなわち、鍵盤楽器なら指使い、弦楽器ならボウイング、管楽器ならタンギングである。とても興味深いのは、音の始まりだけでなく、音の終わりについても詳しく論じられていることだ。主に速いテンポの場合だが、音が完全な音価で保たれることはめったにない。ただし、スラーやテヌートで特別に示されている場合は例外である。各音の長さは、その小節やパッセージの中の相対的な重みで決定されるので、強弱も関係してくる。一般的な原則は次の通り。

・多くの音からなる装飾音（声楽のコロラトゥーラに相当）は、スラーで演奏される。長いスラーはそれ以外ではあまり用いられないが、一八世紀も終わりになるにつれ、そうしたスラーが徐々に一般的になってゆく。

・スラーはたいてい一つの和声内にかかり、小節線を超えることはない。スラーが弱拍から強拍へ、あるいはさらに分割された音価へかかることは基本的にない。

・ほとんどのスラーはディミヌエンドすることが期待され、スラーのかかっている最後の音はたいてい短くなる。そうすることでスラーのあとの音と明確に分けられる（ブラームスは、友人の著名なヴァイオリニスト、ヨーゼフ・ヨアヒムに宛てた手紙（一八七九年）のなかで、それを演奏における洗練さであると述べた）。現代のピアニストは、スラーを次の拍や次の小節の最初の音まで延ばすのが習慣になっているが、それと比べてみてほしい。そのようなスタイルはおそらく一九世紀に発展したとみられる。

・アッポジャトゥーラの前の音は、アッポジャトゥーラにより感情に訴えるような重要性を与えるために、短くなる。
・重要でない音は短くなる。
・アーティキュレーションは、音と音のあいだの跳躍の大きさによって決まる。跳躍が大きければ、その二音間は明確に切って、アーティキュレーションをはっきりと演奏するべきである。

作品にアーティキュレーション記号が書かれていないということは、演奏者は基本的にその時代や土地の慣習に従わなければならないことを意味する。「証拠がないということは、存在しなかったことを証明するわけではない」と言われるが、まさにこのことだろう。作曲家が書き記したのは、そのような規則から外れる事柄だった。なぜなら、よく訓練された音楽家であっても、どこで慣習に逆らえば良いかまでは推測できないからだ。弦楽器のための音楽には、最も多くのアーティキュレーションが書き込まれている。アーティキュレーションがボウイングに直結するからである。弦楽器の教則本では、現代の奏者が実践しているよりもはるかに体系的に、「良い」拍はダウン・ボウ(下げ弓)で演奏されるべきだ、という基礎的な規則が強調されている。

残念ながら、今日の多くの古楽演奏では、歌唱でも器楽でも、アーティキュレーションはフレージングよりも良く実践されているとは言えない。よく耳にするのは、不注意で、違いが際立たず、的確な朗読への関心が欠如した演奏である。声楽では、フレージングとアーティキュレーションのバランスによって、歌詞を理解させるだけでなく、感じさせることができる（つまり感情のレベルで理解させる）。字幕に頼らずとも歌詞をはっきりと聴きとれるオペラ歌手と出会えたら、実に価値あることだが、残念ながらそんな機会は稀である。オペラでは、詩、音楽、演技、舞台装置が協力し強化し合っている。しかし、注意深くクリエイティヴな聴き手なら、舞台装置や演技は想像で補えるだろうが、テクストが聴いて理解できないとしたら、それは本質的な要素を欠いているということだ。器楽曲でも、フレージングやアーティキュレーションが欠けていれば、歌唱とまったく同じことが起きる。そうなると、響きを通して表現されることではなく、器楽の抽象的で言葉のない、美しい声としての側面だけに関心が向けられるようになる。私は器楽奏者なので、声の表現の可能性にはいつも感動しつつ、羨ましいと思ってきた。だからこそ、その可能性が十分に活かされていないと、心底がっかりしてしまう。声楽や器楽の輝かしい響き、卓越したテクニックは賞讃するが、それが手段ではなく目的になるならば、評価できない。たとえば、声楽や器楽を、鉛筆にたとえてみようか。鉛筆そのものよりも、鉛筆で書く内容のほうがずっと重要なのだ。たとえそれが金の鉛筆であったとしても。

7 強弱 Dynamics

この項における理想的な声楽についての記述は、歴史的な声楽の教則本や、以下のような近年の研究を参考にしている。
テス・ナイトン、デイヴィッド・ファローズ編『中世・ルネサンス音楽事典』に収められているジョン・ポッターの「失われた声の再構築」(一九九七年)。同じくポッターの『古楽』誌にある「一七六〇～一八六〇年のテノール・カストラートの関係」(二〇〇七年二月)。H・W・ブラウン＆S・セイディ(編)『一六〇〇年以降の音楽における演奏習慣』(一九八九年)の声楽の章。

古楽では、多くの場合、強弱が規定されていない。強弱は演奏の諸要素のなかでも非常に個人的な要素ではあるが、各種の教則本や、演奏や楽器や会場の音響に関する記述など、歴史的な資料から多くの情報を得られる。

かつて支配的だったのは、明確に区分されたミクロな強弱、つまり一つの音か、ごく小さな音のまとまりに有効な強弱であった。その時代に重要だったのは、小節内の「良い good」音と「悪い bad」音との対比である。良い音はまず何よりも、強拍にくる（cの一、三拍目。あるいは四分の二拍子や四分の三拍子の一拍目）。この原則はその後、段階的に拡大されていく。四分音符を二つに分割した八分音符の最初の音は二番目の音よりも良く、最初の一六分音符は二番目よりも良い、など。この方法では、四つに分けられた「平等な」音のグループは、**1**・**2**・**3**・4と演奏され、一六分音符の長い連続でも、等しい強さで演奏されることはない。だが、悪い音は良い音よりも柔らかく、そして／または、短く演奏される。より短いというのは、①イネガールのように遅れて入る（第4項「リズム」を参照）、あるいは②長く保たれない（第6項「アーティキュレーション」を参照）、という意味だ。声楽では、こうすることによって詩の韻律や詩脚に近づく。ヴォカリーズは原則的に、強いシラブル上でのみ許される。通常、ヴォカリーズの最初にシラブルや単語の強調が置かれるため、ディミヌエンドを伴う。器楽にとっては、スラーがヴォカリーズに相当するため、やはり同様にディミヌエンドを伴う（これは、九五頁で触れたように、ブラームスがスラーの最後の音を短くするよう要求したこととも関連している）。

当該の音がその小節内でどのような位置にあるのかに規定された、強弱の標準的な「グリッド grid」は、いくつかの要素によって変化させることができる。その要素の一つが、音程である。音程とは、声が興奮の度合いによって高くなったり低くなったりすることにたとえることができるだろう。もう一つの要素は、和声である。不協和音は、その解決（たいてい前の不協和音からスラーでつながれている）よりも強く演奏される。クヴァンツの『フルート奏法』では、どれくらい耳障りかによって不協和音が分類されている。音程や不協和音は、小節内の強拍・弱拍の重要性に微妙なニュアンスを加えたり、それらを覆したりすることすらある。ただし、悪い音が良い音に変わることはない。あるとすれば、アクセントのついた悪い音は例外的と感じられるので、とても効果的になるくらいである。

前にも触れたように、かつて声楽の理想とされていたことは、今日の歌唱とはずいぶん異なっていた。そして器楽奏者は、良い歌手のように振る舞うべきと考えられていた。声はピラミッドのようであり、円柱の特徴はなかった。すなわち、低い音域はより強くより幅広く、音が上がるにつれてどんどん洗練されてゆく。ロッシーニの《ウィリアム・テル》でテノールの有名なハイCが胸声で歌われるようになったのは一八三〇年代になってからである［それまでは、裏声が駆使されていた］。ロッシーニ自身は胸声で歌われるのをひどく嫌っていた。それぞれの声域はうまくつなげられる必要があったが、しかし声域による相違も開拓されていった（モーツァルトは、声楽曲や協奏曲でこの仕組みを巧みに用いた）。声楽曲でも器楽曲でも、ヴィブラートは今のように音の不可欠な一部と見なされていたわけではなく、適切な判断で適用されるべき装飾であり、それほど頻繁には用いられなかった。一つの音に少しずつクレッシェンドとディミヌエンドをかけるメッサ・ディ・ヴォーチェあるいはソン・フィレ（son filé）は、歌手にとっては強弱の基礎訓練であり、良い旋律楽器奏者ならば同様だった。ジュゼッペ・タルティーニが『装飾法』(一七五六年以前)の中で、長い音は絶対にヴィブラートをかけずに、メッサ・ディ・ヴォーチェで演奏されるべきだと書いているのはとても興味深いことだ。この実際の例を、アデリーナ・パッティやルイーザ・テトラッツィーニといった歌手の歴史的録音で聴くことができる。ディミヌエンドは自然だが(すべての音は、私たちと同じようにやがては消えるのだ)、クレッシェンドは「自然に反して」いる、つまり秩序に逆らっているもので、畏敬の念と緊張を生み出すものだ。レオポルト・モーツァルトは『ヴァイオリン教本』(一七五六年)で、長い音をまっすぐに保つ練習は、特別な練習として、強弱を変えながらさまざまなボウイングを練習したあとにおこなうように、補足として記している。演奏法の一つではなくて、ボウイングを習得するための有益な練習と捉えていたのである。彼はまた、それとは対照的に、それぞれの音は、非常に大きな音で演奏されるとしても、始まりも終わりも柔らかい音で奏さなければならないと述べている(たとえ出だしの音がどんなに短い音でも、より柔らかく始める)。そうでなければ、意味のわからない騒音になってしまうだろう、としている。ヨーゼフ・ヨアヒムの伝統を受け継ぐクリングラー弦楽四重奏団は、二〇世紀初頭の録音からわかるように、まだこの原則を保っていた。

歌手のためのソルフェージュの教材は、膨大な量が残されていて、とても興味深い研究分野なのに、残念ながらいまだ十分に研究されていない。そのなかでも特にヴィルトゥオーソ風の例が、レオナルド・レオ、ハッセ（彼の妻ファウスティーナは一八世紀のもっとも優れたメゾ・ソプラノの一人）、モーツァルト、クレッシェンティーニのものである。一八二〇年頃パリで出版されたクレッシェンティーニの教材は、彼の言葉によれば「音楽の統語論《シンタクス》を明らかにするために本質的」な、細かな強弱練習を含んでいる。こうした練習曲は、声楽の教則本や、歌手の演奏について記述されている歴史的資料と同じように、一七〜一九世紀はじめの声楽の美学について、豊かな情報を与えてくれる。そのような教材が示す演奏様式は、現代の一般的な様式とはまったく違うし、古楽専門の演奏家のあいだで一般的になっているものとも異なる。私たちはただ、いつか再びこの様式での演奏を聞けることを夢みるのみである。そして、才能ある若い歌手がいつか、妥協しすぎずに、この方向へ果敢に向かっていくのを望むしかない。古楽と現代の歌唱の違いは、カストラートがいないというだけではないのだ！

演奏会場、そしてオーケストラの規模が大きくなるにしたがって、器楽も声楽も、より大きく、より同質的な音を目指して、発展を続けてきた。タルティーニと関わりがあったヴァイオリン製作者アントーニオ・バガテッラは、ヴァイオリン製作についての重要な手引書『ヴァイオリン、ヴィオラ、チェロ、ヴィオローネ製作のための規則』を書いている（一七八二年執筆、一七八六年出版）。彼は、ヴァイオリンの響きには二つの理想があると主張する。独奏のための丸く柔らかい「人間の声 voce umana」と、オーケストラ演奏のためのより鋭い「銀鈴の声 voce argentina」である。W・

A・モーツァルトはこの二つの違いを認識していて、父への手紙（一七七七年一〇月六日付）で触れている。四、五歳の頃のヴォルフガングがたいへん愛した「バター・ヴァイオリン Buttergeige」は、おそらく「人間の声」のカテゴリーに属していたと思われる（ヨハン・アンドレアス・シャハトナーがモーツァルトの姉に宛てた手紙（一七九二年四月二四日付）で証言している）。しかしこのような考え方は、一八〇〇年頃かその少し後にはなくなった。独奏楽器は、より大きな音が出せることが求められるようになったからである。他の楽器もまた、豊かな音量とか均質な音といった同じような動機で、技術的に「改良」されていった。一八世紀末になると、管楽器は半音キーの数が増え、低音楽器のためにキーあるいはバルブが発展し、鍵盤楽器は音が長く響き、ゆっくりしたディミヌエンドが弾けるよう設計されるようになった。現在のスタインウェイ・ピアノとクリストーフォリのピアノを弾き比べることのできる演奏者なら、きっと強弱の使い方を考え直し、古い楽器が持つたくさんのミクロな強弱のニュアンスを取り入れたいと思うようになるに違いない。

時代を生き延びるための変化が、必ずしも「改良」と同義とは限らない。それぞれの楽器は、均質な音と大きな音量を得たが、同時に、多様な色彩とデリカシーとを失った。古楽の演奏でも、あるいは「スタンダード」な演奏でも、現代では、精巧さよりも力強さを好む傾向が顕著である。それは今日の話し言葉において、最上級が氾濫していることにたとえることができるだろう。これは、モーリス・ラスキンという有名なベルギーのヴァイオリニスト・教育者が、一九七〇年代はじめに私に語ってくれたことである。彼が若かった頃――一九二〇〜三〇年代にかけて――は、その五〇年後のヴァイオリニストのように大きな音で弾くことは決してなかった、とも言っていた。

ミクロな強弱（記譜されることはほとんどなかったが、非常に体系的に成文化され守られていた）が広く普及していた時代には、長いパッセージにかかるマクロな強弱はたいして重要ではあり得なかった。実際に、マクロな強弱は、より小さな効果を些細なものにしてしまい、あらゆる慣習に逆行して、二〇世紀のフレーズが長い演奏と同様に、すべてを均等にしてしまう。マクロな強弱が楽譜に記されるとしたら、その典型的な例は、①エコー効果として、あるいは②協奏曲やアリアのトゥッティとソロのエピソードを示すものとして、である。こうした場合、作曲家が主に示したいことは、どのレベルでミクロな強弱をつけるかということだった。その他の箇所は、アーティキュレーションの記号が書かれる箇所と同じように、それが慣習的な演奏法ではなく、通常なら奏者が当然のこととして付け加えないような箇所に、明確に指示される必要があった。その例は、一八世紀後半のベルリンにおける疾風怒濤《シュトルム・ウント・ドラング》様式にしばしば見られる。ヨハン・シュターミツなどマンハイム楽派では、長いクレッシェンドが（ディミヌエンドよりも）よく用いられた。それは楽譜にはっきりと書かれたばかりでなく（たとえば「クレッシェンド・イル・フォルテcrescendo il forte」）、次々に声部が増えていく書法としても表現された。この種の長いクレッシェンドは、あるパターンが、より高いピッチや、あるいは持続和声上で繰り返されるときに多かった。J・F・ライヒャルトは『観察の鋭いある旅行者の、音楽に関する手紙』（一七七四年、第二巻一七七六年）で、その効果を次のように述べている。

ヨンメッリがこれをローマで最初に披露したとき、聴衆はクレッシェンドが続くにつれ、徐々に椅子から立ち上がり、ディミヌエンドになってようやく再び呼吸をはじめ、それまで息を止めていたことに気づいたという。私はこの効果をマンハイムで自分自身で経験した。

もしかしたらこれは作り話かもしれないが、長いクレッシェンド／ディミヌエンドが、斬新で、どこか極端なものとして経験されたことは確かだろう。ライヒャルトはまた、二人の偉大なドイツのオペラ作曲家、ハッセとグラウンが、この方法を使ったことは一度もなかった、とも付け加えている。一方モーツァルトは、ごく控えめだが長いクレッシェンドを書いている。典型的なのは、協奏曲における独奏部分の最後にあるトリルを支える伴奏、つまりオーケストラ・トゥッティの入りを告げる箇所だ。モーツァルトは後期の《交響曲ト短調》ＫＶ五五〇（一七八八年）でも、クレッシェンドを指示しているのは第一楽章で二回、メヌエット楽章のトリオでがマクロな強弱の効果が二回だけである。一八世紀末頃から、とくに一九世紀に入ると急速に、マクロな強弱の効果がミクロな強弱を脇に追いやっていき、ついには後者は記憶からほとんど消えてしまった。ミクロな強弱がフレージングやアーティキュレーションの原則とともに再発見されたのは、二〇世紀に入って、古楽演奏が真剣に研究されるようになってからのことである。

8 編成 - 楽器の選択 - 編曲 Orchestration – Instrumentation – Arrangement

ジョン・スピッツァーとニール・ザスラウによる『オーケストラの誕生』(二〇〇四年)、リチャード・マウンダー『バロック協奏曲のスコアリング』(二〇〇四年)、アンドリュー・パロット『バッハの聖歌隊の本質』(二〇〇〇年)は、この分野の優れた研究である。その結論は、誰もが納得するものではないかもしれない。しかし豊かな情報を提供し、私自身の発見や経験を確かにしている。

古楽の作曲家たちは、楽器編成についてはかなり自由に考えていた。総譜《スコア》には、各パートを何人で演奏すべきか指示されていないので、私たちはその土地の慣習を知るべく、入念に調査しなければならない。誤解を招きやすいのが、「オーケストラ orchestra」と「合唱団 choir」という言葉だ。私たちはこの言葉を、複数の器楽奏者または歌手のグループのことで、ほとんどのパートは数名のユニゾンで奏されると思っている。そのグループが小さい場合は、「室内オーケストラ chamber orchestra」、「室内合唱団 chamber choir」と呼ぶ。「室内楽 chamber music」というのは、各パートを一人ずつで演奏するものである。しかし、図像学や歴史学の研究や、現存する楽器は、バロックの協奏曲や管弦楽組曲の大部分が、一パート一人で演奏されていたことを証明している。交響曲ですら、この原則が当てはまる場合もある。「トゥッティ」と「ソロ」は、演奏者の数というよりも、機能を表していた。また、バッハのカンタータの多くでは「合唱 choir」はしばしばソプラノ、アルト、テノール、バス、それぞれ一人ずつで構成され、彼らがレチタティーヴォやアリアも歌っていたようだ。オーケストラは比較的小さく、最大でも二～三人の第一・第二ヴァイオリン、一～二人のヴィオラ、二～三人の低弦楽器、オルガン、そして若干の管楽器であった。

特殊な、かなり異例な状況についての記述もある。たとえば、コレッリは一七〇五年、一〇〇人以上の奏者からなるオーケストラを指揮した。またモーツァルトは一七八一年、八五～九〇人ほどのオーケストラと交響曲を演奏した。その一方で、ベートーヴェンの交響曲第三番《英雄》の初演は、わずか三二人の奏者からなるオーケストラであった。演奏者の数は、その演奏の機会や資金によって決定された。特殊な状況での演奏者の数は、その演奏そのものにも影響を与えたはずである。その良い例が、二〇世紀前半にヴィレム・メンゲルベルクが指揮したバッハの《マタイ受難曲》である。彼はその演奏に、四〇〇～五〇〇人の合唱と、アムステルダム・コンセルトヘボウ管弦楽団を大規模なフルメンバーで用いた。一九三九年の録音に記録されているように、《マタイ受難曲》の極端に遅いテンポは大編成ゆえだったのであろう。

編成と関連しているのが、演奏者の配置である。カンタータは、教会の後ろまたはサイドのバルコニー（tribune）で演奏されたのだろうか、それとも前方の祭壇の近くだろうか？　バッハは教会音楽のレチタティーヴォで、通奏低音にオルガン、一〜二本の低弦、ファゴットを当てている。これは、バルコニー上で、弦とファゴットがオルガンに隣接して聴衆からは比較的遠くの上方に位置し、手すりの近くに立つ歌手の後ろで演奏するという配置でうまく説明できる。祭壇近くで同じ通奏低音群を配置すると、歌手の言葉は簡単に通奏低音に覆われてしまうかもしれない。一方、歌劇場でオーケストラが演奏するピットでは、第一ヴァイオリンが聴衆を背に一列に並び、第二ヴァイオリンが聴衆のほうを向いていたのだろうか？　多くの図像や文献にこうした配置が記載されているが、必ずしもバランスの悪い響きをもたらすわけではない。というのも第二ヴァイオリンはたいてい第一ヴァイオリンよりも低い音域を演奏するが、この配置では第二ヴァイオリンの音が聴衆のほうへ、より効果的に向かうからだ。そしてまた、古典派やロマン派の協奏曲を演奏するときには、オーケストラは独奏者と同じ高さに座るのだろうか。それとも独奏者だけがステージに上がり、オーケストラはピットにいるだろうか？　ルイ・シュポーアは、亡くなった直後の一八六〇〜六一年に出版された自伝の中で、一八一六年にミラノのスカラ座で協奏曲を演奏した際、会場が大きかったために後者の配置を選んだと述べている。モーツァルトのピアノ協奏曲も、編成が大きいときには、オーケストラがピットに入ると非常にうまくいくだろう。指揮者やリーダーの働きも重要だ。先に触れたベートーヴェンの《英雄》の場合のように第一ヴァイオリンがアンサンブルを統率したのだろうか？ それともチェンバロ奏者か、誰かが拍を打っていたのか？ 私の経験では、指揮者がいない演奏では、オーケストラの各奏者の自立性や個性、そして責任感が強まる。あるいは、ヴェルディの時代までイタリア・オペラで行われていたように、二人の指揮者がいることもあった。独奏者たちのための指揮者とオーケストラのリーダーである第一ヴァイオリン奏者である。もしかしたら、舞台袖には合唱用の三人目の指揮者がいたかもしれない。このような疑問に実践的な答えを出すことは、容易ではない。私たちは楽譜を研究し、経験し、既存の事実から推測し、演奏して聴き、そして作曲家がさまざまに変化する状況に応じて経験的なアプローチをとっただろうことを心に留めておかなければならない。たとえば、バッハが《マタイ受難曲》を今日のアムステルダム・コンセルヘボウで指揮することを想像してほしい。たとえ彼が、宗教的な環境ではなく世俗の場での演奏を受け入れたとしても、そして彼が自由に演奏のしかたを決められたとしても、ライプツィヒの聖トーマス教会での演奏とまったく同じ編成や配置を選ぶかどうか、私は確信がない。もちろん、バッハがメンゲルベルクのヴァージョンを使うだろうと言いたいわけではない。個人的には、メンゲルベルクの演奏は明らかに多くの点で「間違い」(つまり多くの歴史的証拠に反している)はあるものの、とても美しく感動的だと思うが。私は、バッハがホールの大きさや演奏者の数、特有の技術や美学を持った現代の楽器と声楽を知ったなら、まったく別なやりかたで作曲したのではないかと思う。

かつてよく使われていた用語であっても、正確な意味がわからないものもある。ありがたいことに、この分野の研究は続けられており、ある用語の意味は時と場所によって変わりうることが明らかになってきた。そうした研究の成果は、なじみがなく不自然に感じられるため、容易に信じたり受け入れたり、実践に持ち込むことができない。実際に、本質的に響きが変わってしまう問題なのに、なかなか見解が一致しない事柄もさまざまある。たとえばヴィオローネについて。これは大きなヴィオラということだろうが、どのくらい大きいのか？　八フィートあるいは一六フィートの楽器として使われていたのか？　そして弦は何本で、調弦はどんなものだったのか？　チェロは小さなヴィオローネだが、どれくらい小さく、弦は何本だったのか？　ヴィオラ・ダ・ガンバと同じように、常に脚にはさんで垂直に演奏していたのか？　チェロ（「ピッコロ」がつく場合もつかない場合もある）は、実際にはヴィオラ・ダ・スパッラを意味していたのか？　ヴィオラ・ダ・スパッラは水平に、演奏者の首にかけて演奏するということは知っているが、どのくらいの大きさで、どのような音がして、弦は何本で、どういう調弦だったのか？　どのくらいの期間、どこで使われていたのか？　いつからチェロという単語が今のサイズのチェロを指すようになったのか？　一七三〇年頃まで、チェロが一般的にヴィオラ・ダ・スパッラを意味していたことが証明されるならば、古い時代の「普通の」チェロの大部分は、後世に改造されたり、より大きな楽器（八フィートのチェロやバス・ド・ヴィオロン）から切り詰められたりしたのだろう。ヴィオラ・アッリングレーゼ（viola all'inglese）は現在のヴィオラと同じなのか？　オーボエ・ダ・カッチャは常に湾曲していて、ブラス・ベルが付いていたのか、それともタイユのようにまっすぐなものもあったのか？　フラウト（flauto）は、一七三〇〜一七四〇年代に流行遅れになるまではたいていリコーダーを意味していたが、なぜヴィヴァルディのフラウト・パートの多くは、フラウト・トラヴェルソ用のように見えるのか？　彼は他のところでは、フラウト・トラヴェルソという指示を用いているのだが。ヴィヴァルディのフラウティーノは小さなリコーダーなのか、それともフラジョレットなのか、そして何調が得意だったのだろうか？　バッハのフィアウティ・デコ（fiauti d'echo）やテレマンのフラウト・パストラーレ（flauto pastorale）とは一体どんなものだったのか？　ヴォイス・フルートは低いピッチのD管の楽器だったのか、それとも高いピッチのC管の普通のテノール・リコーダーだったのか、そこに何か違いがあるのか、そもそも問題ではないのか？　モーツァルトの《後宮からの誘拐》で用いられるフラウト・ピッコロは、ピッチが四フィートだったのか二フィートだったのか？　そしてどのようなタイプの楽器だったのだろうか。横型なのかリコーダーのようなのか、それともフラジョレットだったのか？

もっと研究が必要だが、こうした疑問に決定的な答えが見つかることはないだろう。けれども、私は、現在親しんでいる楽器がかつての作曲家にもなじみのものだったと決めつけるつもりはない。私が想像するに、作曲家たちはそのときたまたま手元にあった楽器を使うこともしばしばで、必要に応じて楽曲に取り入れたのだろう。モーツァルトは、プラハへ送った《六つのドイツ舞曲》KV五〇九（一七八七年）の自筆譜の最後に、こんなふうに書きこんでいる。

どのような種類のフラウト・ピッコロをあなたがお持ちかわかりませんので、自然な調で作曲しました。いつでも移調してくださって結構です。

作品の技術的要求から、もともとどの楽器が意図されていたのかを推測できることもある。たとえばバッハの「チェロ」組曲はほぼ確実に、（半音階的な運指の）チェロではなく（全音階的な運指の）ヴィオラ・ダ・スパッラのために書かれたものである。こう考えると、この組曲に見られる、当時の「普通の」チェロの技術としてはまったく典型的ではない（そして、モダンのテクニックにとっても難しい）和音やポジション・チェンジに関する特性を、うまく説明できるだろう。チェリストの中には、「自分たちの」偉大なバッハの組曲が奪われてしまったように感じる人がいるかもしれないし、実際に否定的な反応を示す人もいるが、この組曲がヴィオラ・ダ・スパッラのために書かれたという事実は、チェロで演奏してはいけない、という意味ではない。単に、チェロが第一のオプションだったのではない、つまりバッハがこの魅力的な作品群を作曲しているときに念頭に置いていた楽器ではない、ということを意味するだけだ。これをチェロで演奏することは、楽器の選択を変えることにはなるが、それによって作品の美しさが損なわれたり、感動的でなくなったりすることはない。

室内楽や独奏曲においては、必ずしも楽器が正確に決められているとは限らない。一八世紀のフランスの出版物には、一つの組曲やソナタがフルート、ヴァイオリン、オーボエ、リコーダー、ミュゼット、ヴィエールで演奏されうる、と書かれている。一定数の作曲家は、明らかに、こうしたあらゆる楽器の可能性がある中で、自分の作品がさまざまな楽器で演奏されることを頭に置きながら作曲していた。テレマンの場合、二つ以上の選択肢をめったに書かなかったので、そうした極端なことにはならなかった。だが彼もフランス人作曲家のように、楽器が変われば必然的に調も変わるという問題には直面していた。たとえば「フルートのため」と明記された作品は、たいていリコーダー用では短三度上で演奏されたし、逆もまた同様だった。それはそれぞれの基音が一点ニ音と一点ヘ音であることに対応するものである。代替楽器が全くあるいはほとんど示されていない場合でも、どの楽器が想定されていないかを明らかにできることがある。また、他の選択肢が作曲家や編集者によって明記されていたとしても、音楽そのものの技術的な特徴が、どの楽器が最初に意図されていたかを示している場合もある。タイトル・

ページに多くの楽器名を記す習慣は、実際的かつ商業的な観点からだけだったのか？　作曲家や出版社は、ただ楽譜を売りたかっただけなのか？　彼らはどのように音楽が鳴り響くのか、まったく気にしなかったのか？

演奏する楽器の選択や、必要に応じてその楽器のために楽譜を変えることは、ある程度まで奏者の自由裁量にまかされていた。演奏者がその作品をどう演奏すべきかをわかっていて、「良い趣味」を持っているならば、どの楽器で作品が演奏されるのかはさほど問題ではなかったのだろう。もう一つ頭に入れておくべきことは、印刷譜や筆写譜がターゲットとする市場である。つまり、その作品はプロの音楽家のために書かれたのか、それともアマチュア音楽家のために書かれたのか、ということだ。録音というものがまだ存在していなかった時代、アマチュアはうまく工夫して、有名な作品の編曲版《トランスクリプション》［異なる楽器編成で演奏できるように書き替えたもの］を嬉々として演奏していた。そのような場では、どういう楽器だろうと、編曲や演奏の質がどうだろうと、構わなかった。

編曲の度合いは、実にさまざまだった。時には楽器を変えるだけのこともあった。たとえば、フルートと通奏低音のためのソナタを、フルートの代わりにオーボエで演奏する、というように。この単純な変更であっても音量は増すだろうから、そうなると通奏低音は別の弾き方を要求されるし、テンポを調節する必要もあるかもしれない。楽器の音域の限界からいくつかの音を変えなければいけない場合も出てくるだろうし、もっと劇的に違うときには、移調しなければいけない場合もある。「オリジナルの」楽器で演奏されれば、その楽器に典型的なイディオムのパッセージが、もっとも説得力を持って響く。しかし新しい楽器では演奏不可能なことさえあるだろう。楽器を変えることによって、構造を変える必要も出てくるだろう。そうなれば編曲《トランスクリプション》というより改作《アレンジメント》、あるいは「再作曲」になる。

テレマン、ヘンデル、バッハといった作曲家には、一つの作品に異なるヴァージョンがあることがしばしばだ。それは、作曲の技法として「リサイクル」が認められていたからだ。作曲家は前のヴァージョンに磨きをかけ、新しい楽器やアンサンブルにふさわしい形に変え、あるいは新しい歌詞を付ける。そうするとリズムや旋律を変える必要も出てくるだろう。当然、最後のヴァージョンがもっとも良いとは限らないし、決定稿ではないかもしれない。その作曲家が、何らかの状況や理由から同じ作品をもう一度演奏することになれば、さらに手を加えることはほぼ確実だ。また、のちのヴァージョンが現存しないこともある。

ここで、少し脱線するが、J・S・バッハの《フルートとチェンバロのためのソナタイ長調》BWV一〇三二の自筆譜を取り上げてみよう。この事例は、作曲家が自作を改訂する際にどのようなことが起こりうるのかを明らかにしてくれる。バッハはこの第一楽章全体と第二楽章の冒頭を、すでに《二台チェンバロのための協奏曲》BWV一〇六二を書いたあと、下に空いていたスペースに三段譜で書いた。協奏曲の楽譜が終わったところからは、フルート・ソナタの第二楽章（第六小節以降）と終楽章のアレグロまで各ページをフルに用いた。自筆譜の六枚のページから、《フルート・ソナタ》BWV一〇三二の第一楽章を含む部分が切り取られ、その結果この楽章の後半の四六小節程度、全体の約五分の二が失われてしまった。第五六〜六二小節が書かれた紙と、表ページに第一楽章の最後の二小節、裏ページには第二楽章の第一〜五小節が書かれた紙もいったん切り離されたが、再び貼りあわされている。空白の前後の「NB」記号［＝註］は、代わりの紙が存在していたに違いないことを示しているが、そのようなページは消失してしまった。

この削除は、J・S・バッハの生前に起こったはずである。なぜなら、不注意に切り取られたいくつかの音は、彼の直筆で補足されているからだ。この件についてはこれまでたくさんの仮説が提示されてきたが、私たちがなぜこの切断が起こったのか知ることは決してないだろう。バッハはこの曲に不満だったのだろうか？ もしそうだったとしたら、他の自筆譜でやっているように、斜線で削除することもできただろう。BWV一〇三二のこの部分は、他の人々がBWV一〇六二を筆写している時に、浄書譜として筆写してもらう必要があったのだろうか？ これはかなり思い切ったやりかただ！ またはもっとありそうなこととして、修正箇所が多すぎて読みにくくなったために、代わりの筆写譜が必要になったのだろうか？

もしこの楽章を演奏したいと思えば、補筆しなければならない。私は補筆を試みてそれを出版し録音したが、学生たちには自分で補筆してみることを強く勧めたい。素晴らしい良い訓練になるからだ。ただし、補筆にとらわれすぎると、この楽章の現存部分が奇妙なほど異質であることを見逃してしまうかもしれない。「J・S・バッハ作 di J.S.Bach」と自筆譜に書かれていなければ、真作とは見なされなかったかもしれないくらいだ。基本的な素材が何度も反復され、形式はしっかりしたものではなく、転調はない。バスは構造にうまく溶け合っていないし、模倣や対位法はほとんど使われていない。三声（フルート、チェンバロの右手・左手）のために書かれているにもかかわらず、多くのパッセージは三声ではなく二声の書法である。とはいえ、間違いなくJ・S・バッハの作品だ、というように響く箇所もいくつかはある。典型的なのは、バス・ラインにも同じパッセージが含まれることが多く、声部間の発展や模倣が見られるパッセージである。これはまるで作曲途中の作品のようだ。もしかすると、他の催しや他の楽器を思い浮かべながら、以前に作曲した別の形式の作品を書き直していたのかもしれない。この楽章がまだ最終段階に至っていなかった可能性もかなりある。自筆譜の最後の二つの楽章で、そのことがわかる。完全な形で現存しているものの、最終段階での重要な修正や改訂の痕が見られるのだ。残念なことに、第二楽章のヴァイオリン、チェロ、通奏低音のためのややぎこちないトランスクリプションを除いて、この作品に他の筆写譜はまったく存在しない。

私たちは、作曲家が想定した楽器以外で作品を聴くことに慣れている。そもそも、歴史的な楽器ではなく現代の楽器や奏法を用いること自体、そのように捉えることができるだろう。たとえば、リコーダーの代わりにモダン・フルートを、チェンバロの代わりにピアノを使うといったことである。トラヴェルソの代わりにモダン・フルートを使うことは、トラヴェルソからバロック・ヴァイオリンへの交替よりも、もたらされる効果は強いかもしれない。オリジナル楽器のモダン・ヴァージョンでの演奏は、編曲ではなく、古いタイプの楽器を新しく改良したものと理解された。フィリップ・シュピッタは、記念碑的な研究『ヨハン・ゼバスティアン・バッハ』(一八七三〜一八八〇年)の中でこう述べている。

《インヴェンションとシンフォニア》や組曲、鍵盤楽器のフーガの演奏の際にバッハが念頭に置いていた理想の楽器は、〔中略〕オルガンの音量とクラヴィコードの表現力を適切なバランスで組み合わせた楽器で、そのような楽器こそ彼が鍵盤楽器のために作曲しているときに巨匠の想像力のなかで響いたイメージを再現できる。私たちの現代のグランド・ピアノがまさにそのような楽器だということは、皆わかるだろう。

私は彼の意見をよく理解できるし、彼がクラヴィコードに言及していることは注目すべきことだとさえ思う。しかし、最新モデルのスタインウェイが、一八七三年のピアノよりも良いとは限らない。あるいは、バッハはシンセサイザーやコンピューターを密かに夢みていたのだろうか？

作曲家が、過去の素材をいかに用いたかを考えることも興味深い。バッハはパレストリーナやヴィヴァルディを遠慮なく精巧に編曲し、ヘンデルはムファットをパラフレーズし、モーツァルトはバッハやヘンデル作品に手を加え、メンデルスゾーンはバッハの《マタイ受難曲》をアレンジした。彼らは皆、その作品を自身の時代や手法へと自由にアップデートした。バッハの《音楽の捧げもの》からの〈六声のリチェルカーレ〉のヴェーベルン版も同じ例ではある。ただしヴェーベルンはおそらく、彼自身がふだんバッハ作品を演奏するときの方法で楽器を選んだのではない。それはより意識的な、再作曲以上のもののように思われる。

二〇世紀半ばまで、歴史と進化は自動的に進歩を意味する、と広く信じられていた。この考え方は、芸術における、ある世代から次世代への進歩も含んでいた。おそらくは、二度の世界大戦と、核戦争になれば人類は滅亡するという恐怖から、この幻想は打ち砕かれてしまったのだろう。進歩と聞くと、チャールズ・ダーウィンの『種の起源』(一八五九年)を(誤って)思い起こす人が多いだろう。だが彼は決して進歩という概念を明確に述べてはいない。「適者生存」という用語を一八六四年に造ったのはハーバート・スペンサーであって、その後、ダーウィン自身が『種の起源』の一八七二年版で応じたのである。ダーウィン曰く「進歩的に発展しようとする有機的存在の根拠を私は持っていない」。注目すべきことに、フランソワ＝ジョセフ・フェティスは『音楽事典』(一八三五〜四四年、第二版は異なる序文で一八六〇〜六五年に出版)の初版と第二版の序文で、芸術において進化と改良とを同一視する考えを否定している。そして、芸術における進化とは、進歩ではなく変容である、と述べている。その一方でフェティスは、文明、科学(芸術史を含む)、工業(楽器製造を含む)の進化については、一貫した発展という概念を完全に受け入れていた。

これは、古楽へのアプローチでも重要な問題である。私は、古楽器や古い演奏様式、古い演奏技術のことを、現在と比べて本質的に良いとも悪いとも考えていない。すべては、どんな作品・どんな目的に用いられるかにかかっているのである。作曲家は、彼ら自身が耳にすることができた楽器のためにのみ作曲するのであって、まだ発明されていない「フューチャーフォン futurephone」、つまり未来の楽器のために作曲するのではない。もちろん、作曲家は意識的であれ無意識的であれ、その楽器に可能なこと、あるいは適していることの限界を超えようとし、楽器製作者はそれに応じて、解決策を見出そうとするだろう。そうすれば、今度はまた作曲家がその可能性の限界をさらに超えようとして……。その連鎖が続いていくのである。

私自身が演奏するときには、できるだけ注意深く、かつ謙虚に、作曲家が作曲しているあいだに頭の中で聴いていたであろう音を発見し、そしてそれにもっとも相応しい楽器や声を見つけようとしている。確かに、解決策のない問題もある。たとえば、カストラート歌手はもう存在しないし、少年の変声期はバッハ時代よりも三〜四年早くなっている。こうした失われたタイプの声の代わりを選ばなければならないとすれば、バッハのカンタータの場合なら、私はカウンターテナーの「半分の」ファルセットの声や、若すぎる少年の十分に訓練されていない声ではなく、女性の「完全な」声を好む。もちろんバッハの時代には、女性が教会で歌うことが禁じられていた、ということは承知しているけれど。当然、コンサートをおこなうにあたって、私たちは何かしらの妥協をしなければいけない。ソロ・リサイタルでは、五つの異なるフルートを演奏できるが、室内楽やオーケストラでそんなことをするのは複雑すぎる。それぞれのフルートはピッチが異なるからだ。演奏者は皆、どこまで遠くへ行きたいか、決めなければならない。

たとえ私たちがある楽器の構造を詳細までは知らないとしても、どのような見た目ではないかはたいてい知っているし、特徴や使い方も知っている。私が願っているのは、恣意的に便利な選択をしたり安易な効果を狙うのではなく、歴史的な情報に基づく再構築を目指して試行錯誤するアプローチをもっと見たい、ということである。安易な効果と私が考えるのは、たとえば楽譜には何の証拠もないのに、アンサンブルに打楽器を加える、しかも彼らが任意で加えたことをまったく示さない、というようなことだ。今日、何かが加えられる場合、典型的なのは、実際の例や記述から着想するのではなくて、もう少し目立たせたいとか、もう少し思い切った工夫がしたいといった姿勢である。ルネサンス音楽が一八世紀のガンバで演奏されたり、一七世紀初期のコルネットやヴァイオリンのためのソナタがまったく歴史的ではないリコーダーで演奏されたりする。後の時代の、慣れていて快適な楽器やテクニックが、前の世代の作品に用いられることもよくある。これらの「翻訳」のすべてが、それに相応しく必然的とは思えない。――「翻訳者は裏切り者」とはよく言ったものだ。実にさまざまな種類の楽器が複製されているので、「正しい楽器」が見つかる可能性は確かに大きいことだろう。

私はこのような態度をたいへん不誠実だと思う。聴衆は、細部の情報を知らされなければ、無知ではないが細部を無視することを選んだ演奏者によって、「そう演奏されていたのだ」と信じてしまう。もし演奏者が非常に著名な人物なら、しかもそのコンサートが古楽に特化した音楽祭の中で行われたりするなら、その効果はさらに増す。演奏する楽器を変えることや編曲についての私の立場が、純粋主義者のように思われるだろうことは十分に自覚している。でも、純粋主義がモチベーションになっているのではない。私は、コンサートや録音で、二流のクオリティのものをお客さんに売りたくないのだ。もし私が編曲を（それが私自身の編曲でも他人による編曲でも）どのような形であれ演奏して、オリジナル・ヴァージョンのほうが編曲よりも明らかに効果的であることがわかれば、聴衆に対して恥ずかしく思う。たとえ聴衆が原曲を知らなかったとしても、もう編曲は演奏しないと決心するだろう。これは歴史的な編曲にも言えることだ。モーツァルトの《ヴァイオリンとピアノのためのソナタ》の数曲が、フルート編曲版で一八〇〇年頃に出版されている。だが、このような理由から私はこの編曲を自動的に良いと思うことはない。実際、ヴァイオリン・ヴァージョンのほうがより効果的で、表現豊かで、潤沢で、必然的である。私の目には（私の耳には、と言うべきか）、その作品群をフルートで演奏することは、ある本質をそこから奪うことを意味する。その本質は「フルートの質」では埋め合わせができないものなのだ。私には、慎み深さと、判断することが求められている。もちろんすべての芸術家は、自分がやりたいことをやる自由がある。他の演奏者が何をすべきで何をすべきでないのかを、私が決めようとは思わない。しかし聴衆に（明示的であれ暗黙のうちであれ）間違った幻想を与えたくない。私にとっては、これは知的、かつ芸術的な誠実さの問題なのである。

ここまで、読譜に関する慣習について述べてきた。こうした慣習が、ここで扱っている時代を通じて、あらゆる土地でいつでも同じように当てはまるわけではない。しかし、ある特定の時代や土地では、よく訓練された音楽家ならどうすべきか理解していることが期待されていた。そこでは主に、読譜のコツをつかんでいるかどうかが問題だった。次の疑問は、音楽家が自身の考えや洞察力、能力に応じて、どのように楽譜を補足すべきと考えられていたか、である。ほとんどの場合、通奏低音、その実施《リアリゼーション》、装飾音、カデンツァは、楽譜には明確に記されていないが、演奏者がそれを楽譜から読み取り理解することが求められている。

9 通奏低音 Basso Continuo

通奏低音は、バロック音楽の決定的な要素の一つだが、通奏低音をどのように実施《リアリゼーション》するか、その方法は、理論においても実践においても議論の的だ。数字はどの和音が奏されるべきかを示すだけで、疑問は山ほどある。どの楽器（の組み合わせ）で演奏すべきなのか？ 必ず低弦でなければならないなら、どの楽器だろうか？ フランスではヴィオラ・ダ・ガンバが、この楽器の流行が過ぎ去るまで、室内アンサンブルの通奏低音楽器群にスタンダードな楽器として含まれていたようだ。他の国では、出版されたソナタのタイトル・ページに、しばしば「ヴィオローネあるいはチェンバロ」（ヴィオローネ「と」チェンバロではなく）と書かれている。しかしバス・パートには「チェンバロ」とだけ記されていることが多い。このような指示は、文字通りに受け取るべきなのだろうか。それとも、作曲家たちは書き記した通りのことを意図したわけではない、と考えるべきだろうか？ C・P・E・バッハは『正しいクラヴィーア奏法』第二巻（一七六二年）で、理想的な通奏低音楽器群はチェンバロとチェロからなると述べているが、これは一六〇〇〜一八〇〇年の通奏低音の時代全般に当てはまることだろうか？　いずれにせよ彼は自伝の中で、フリードリヒ大王を（少なくとも）一度、チェンバロ「だけで」伴奏した、と述べている。通奏低音の実施《リアリゼーション》の際には、どの転回形で、あるいはどの最上声部で、どのようなリズムで、何声で演奏すべきだろうか？　不協和音によって和声はさらに豊かになりうるだろうか？　フランスやイタリアの教則本では、通奏低音の実施方法としてよくアッチャヤッカトゥーラが記されているが、これを室内楽からオペラ、教会音楽まで、すべてのジャンルに用いるべきかどうか、私はよくわからない。私たちはより和声的に弾くべきだろうか、あるいはより旋律的な装飾付きの様式で弾くべきだろうか？　和音は同時に弾くべきか、アルペッジョで弾くべきか、もしアルペッジョならどのように、どのくらいの速さで？　『フルート奏法』でクヴァンツがアルペッジョについて書いているのは、もっとも強い不協和音を強調する手段としてだけである。だが現在、私は至るところでアルペッジョを聴いているし、実際には反対の意味で、つまり協和音を柔らかくするために使われることも多い。実施した音の最上声部は、常に独奏パートの音より低くなければいけないのだろうか？　独奏パートとのユニゾンや模倣はどうだろうか？

幸運なことに、J.S.バッハや彼の弟子たちは、通奏低音のパッセージを相当数、書き残している。それらはたいてい、音がとても多い。そこからわかることは、室内楽でさえ三声よりも四声の和声が多く、重要な箇所ではもう一つかそれ以上の音が加わって響きを豊かにすることもあった。声部進行は厳格で、論理的で、かつ効果的だ。そういったことにJ・S・バッハが注意を払っていたということは、自筆譜で各声部がそれぞれ別の桁でつながれている事実から明らかである。彼が縦にそろえて和音を書くことはまずなかった（譜例3を参照）。和声が明白なところでは、右手は強拍で弾いてそのまま伸ばしていただろう。実施される音は高い音域のことがとても多く、独奏パートの上を越えていく。独奏パートが長い音符を延ばしているときや休符のときには、さらに複雑な、あるいは旋律的な音型が現れる。バッハは、実施した音がその作品の他の声部とうまく溶け合ってほしいと考えたとき、左手に数字を書くのではなく、通奏低音のパッセージをいくつか書き起こしたのだと私は考えている。このことは、オブリガート・チェンバロとフルート、ヴァイオリン、ヴィオラ・ダ・ガンバのためのソナタの場合、明らかである。この通奏低音の奏法が今日のバッハ演奏であまり聞かれないのは、残念なことである。これは多くの歴史的な通奏低音教則本で教えられていることを反映していて、バッハの同時代人の作品の多くにも応用できるように思われる。

残念ながら、そして私見では不適切なことに、ある演奏家たちはこれらの教則本を、実践的・芸術的な価値をもたないもので、正しく和声化するための理論上の手引きとしか見ていない。ローカルな流派で、時とともに変化したと見なす人もいる。通奏低音の演奏が即興的で、非常に個人的なものだったと考えることは可能だ。ただこの仮説の危うさは、私たちが自分の趣味、

譜例3　J.S.バッハ《オブリガート・チェンバロとフラウト・トラヴェルソのためのソナタ》より〈ラルゴ・エ・ドルチェ〉BWV1030（1736〜1737年頃）第9〜16小節。ベルリン国立図書館音楽部門メンデルスゾーン・アルヒーフの許可による（D-B, Mus.ms.Bach P 975）

または有名な（鍵盤楽器や撥弦楽器）奏者の趣味に従うだけになってしまうことにある。それ自体ではよく機能するものの、歴史的な関係は必要としない、ある意味流行の「中古 secondhand」様式になってしまう。小さめのアンサンブルが、大規模な通奏低音グループ（鍵盤楽器、撥弦楽器、管楽器をみな同時に、あるいは交替で）とともに演奏するのをよく見るが、そのような例の一つだろう。これは確かに、演奏に色彩を加えるが、パッケージのほうがその中身よりも輝かしい、という事態も決して稀ではない。つまり、独奏者よりも通奏低音奏者のほうに注目が集まってしまうのだ。これでは、ヒエラルキーが完全に逆転していると思う。歴史的な教則本からは、声や楽器の望ましい扱いについての情報を得られる。通奏低音の教則本を注意深く読み、そのアドヴァイスを適切な箇所で実践することは、通奏低音を教えるときにも演奏するときにも基礎となるはずである。

10 装飾 Ornamentation

ニール・ザスラウは、「コレッリのヴァイオリン・ソナタ作品五の装飾」(『古楽』誌一九九六年二月号)という興味深いケース・スタディーを発表している。

クヴァンツは『フルート奏法』(一七五二年)のなかで、「本質的な方法 wesentliche Manieren」と「任意の変更 willkürliche Veränderungen」の違いを明確に表明している。これが「装飾」を考える上でよい出発点になるだろう。「任意の変更」とは、一つの音あるいはパッセージが他のものに取って代わられることで、演奏者の自由な発想によるものである。クヴァンツはこれを、作曲の規則を心得ている独奏者が行うものとした。一方、「本質的な方法」は、良い演奏者であれば必要不可欠なものとされ、特別な記号や小さく印刷された音で示されるすべての装飾音――アルペッジョ、トリル、モルデント――を含む。一七世紀末から一八世紀にかけて、多くの作曲家が自分の装飾記号を発展させた。フランスでは革命の頃まで、装飾音は非常に細かく楽譜に書かれたが、ドイツではそれほど頻繁に書かれることはなく（リュート作品と鍵盤作品は除く）、イギリスとイタリアではさらに稀だった。ただし、だからといってイギリスやイタリアでこのような装飾音がほとんど用いられなかったという意味ではない――彼らは単に、より多くを演奏者の裁量に委ねていただけなのだ。そのような規則は、人、楽器、時代、土地によりずいぶん異なるものだが、正しい解釈（形式、長さ、拍の前に出すか否か、強弱）とか、各装飾音の性格《キャラクター》は、数多くの教則本や、表《チャート》、序文などで説明されている。感受性の強い音楽家ならば、ある程度の研究と実践を積めば、その作曲家や楽器の様式にしたがって、装飾のない作品でも応用できるはずである。クヴァンツがそれを「本質的」と呼んでいたことは、忘れられがちだ――つまり、たとえ装飾音がはっきりと書かれていなくても、なしでは済まされないのだ！　いつものように、究極の規則は「良い趣味」である。

ここでも、音楽と言語の比較を続けよう。「本質的な」装飾はたいてい一つの単音で生じるので、シラブルの、アーティキュレーションのレベルでおこなわれる。こうした装飾音がもっとも頻繁に表現するのは、最初の協和音（複数の場合もある）あるいはシラブルの母音である。時には、（解決へ導くトリルのように）一つのシラブルを次へとつなげることもある。うまく演奏されるなら、こうした装飾は多様性を生み出し、テクストを音響的にも感情的にも理解させてくれる。この意味で、「本質的」と言うのは正しい。装飾のどの種類を選ぶかは本質的でない場合もあるが、装飾が演奏されることそれ自体は、本質的である。

私の経験では、ヨーロッパ中で盛んに演奏されてきたリュリとその弟子たちの音楽は、この原則を理解しない奏者によって、ずいぶん損なわれてきた。たまにトリルが記されているだけの総譜《スコア》は、歌手にとっても器楽奏者にとっても、ドライで単純で、まるで裸のように見える。私は、この音楽に服を着せなければいけないと切に思う。幸いに、同じ時期に書かれた歌唱と器楽の手引書が、特定の状況でどのような装飾音が付けられたか、典型的な例を豊富に示してくれている。これらの装飾は、リュリの様式を「的確に」想像するために本質的なものだ。それなしでは彼の音楽は、聴衆にも、ただ楽譜を読むだけの学者にも、魅力のないものと判断されるだろう。ところが面白いことに、リュリや他のオペラ作曲家が用いたオリジナルのオーケストラ・パート譜からは、ほとんど情報が得られない。当時の音楽家たちは、今日のオーケストラ団員がよくやるように楽譜に書き留めるのではなくて、どう演奏すべきかを頭で覚えていなくてはならなかった。このような装飾音は、音楽の書かれない部分、つまり常識や日々の実践、母語、そして良い趣味と関係している。

ここで、前にも触れたヴィブラートを、装飾音の一つとして取り上げたい。現代の演奏では、ヴィブラートは至るところですべての音にかけられていて、感情表現に欠かせないものとなっている――ただし、ピアニストたちは哀れにも、ヴィブラートなしでやっていかなければならない！　だが一七〜一九世紀には、歌手にとっても器楽奏者にとっても、ヴィブラートは一つの長い音に用いられるべき装飾音と捉えられていて、誤用・乱用されてはならなかった。ヴァイオリンの演奏でヴィブラートが一般的に使われるようになったのは、一九世紀末〜二〇世紀初頭のことだ（フリッツ・クライスラーは、ヴァイオリンにおけるヴィブラート奏法を確立したとされている）。ほかの多くの楽器（クラリネットや管楽器）では、さらに時代が下ってから使われ始めた。ヴィブラートの使用頻度が高まるにつれて、揺れの幅は広がり、スピードは遅くなり、狙うべき音高が隠れてしまう危険さえ生まれた。すべての装飾音と同様、古い時代のヴィブラートの用法は、時代、土地、個人的な気質、楽器、環境、機能、コンサート会場の大きさなどによって異なっていただろう。

今日では、すべての音にヴィブラートを求めた人物としてジェミニアーニがよく引き合いに出され、彼の作品は当時の一般的な流行を推し量ることができるものとされている。しかしこれは単純化しすぎた考えで、おそらく、絶えずヴィブラートをかけるのが習慣化したヴァイオリニストたちが、巨匠のアドヴァイスにとびついたというだけだろう。ジェミニアーニは『真の趣味における奏法の規則』（一七四八年頃）の中で、フルート奏者に長い音にだけヴィブラートをかけるようにと語っている（残念ながら、指でかけるのか息でかけるのか、その手段はわからない）。しかしヴァイオリンについては、「すべての音にかけてもよい」（傍点はクイケンによる）と言っている。

一方、『ヴァイオリン奏法』(一七五一年)では、さまざまな種類のヴィブラートが、異なるアフェクトのために、あるいは短い音を「さらに快く」するために、いかに用いられるべきかを示している。「この理由から、できる限り頻繁に用いられるべきだ」という彼の結論が、一般的な助言なのか、それとも短い音のみのことを言っているのか、いささかわかりにくい。興味深いのは、ジェミニアーニのこの立場は、かなり孤立したもののように見えることである。彼はルバート奏法と同様、ヴィブラートの使用においてもエキセントリックだったのだろう。ジェミニアーニの弟子の一人、ローベルト・ブレムナーが師匠のヴァイオリン教本を再出版したとき(一七七七年。一七八九年以降にプレストン&サンから再版)、彼は他ならぬこのヴィブラートに関する部分を省略している。一七七七年になって、ヨハン・ゲオルク・クリストフ・シェットキーの弦楽四重奏曲作品六のために書いた序文で、ブレムナーは、必要な場合の装飾を除いて、ヴィブラートを使用することを非難している。すでに見てきたように、タルティーニもまた『装飾法』(一七五六年以前)において、純粋な音律を乱さないように、長い音はメッサ・ディ・ヴォーチェで、絶対にヴィブラートをかけずに演奏されるべきだ、と要求している。一八〜一九世紀のヨーロッパでは、ヴィブラートの流行がやって来ては過ぎ去り、が繰り返されていたようだ。演奏家またはある楽派が、ヴィブラートの過度な使用で批判されたこともある。良い趣味においては、一般的に、ヴィブラートは独奏でのみ用いられるべきで、その場合でも非常に控えめに、長い音のみに適用されるべきである。

現在の指揮者では、少なくとも一人、ロジャー・ノリントンが一九世紀の作品を演奏するときにもオーケストラにヴィブラートなしで演奏させているが――これは興味深いクロスオーバーの例である――、今日の古楽奏者でこの方向に進んでいる人はほとんどいない。多くの人は、ヴィブラートの使用頻度を減らすか、その幅を小さくするだけで満足している。このような勇気の欠如、そして古い教則本にはっきり述べられている響きの理想に対する無関心を、私は非常に残念に思う。ヴィブラートを「忘れる」ことは、当然ながら、別のことに焦点を移すことにつながる。ヴァイオリニストの左手ではなく右手に、フルート奏者や歌手ならばブレスに。あるいは音を伸ばしているあいだに作り出される音の響きとその絶え間ない創造や形、表情などに。すでに述べたように、ヴィブラートは通常、メッサ・ディ・ヴォーチェで奏される音には適用されない。しかし、実際には装飾として、長い音にはヴィブラートがかけられることもある――その音が独奏パートにあり、豊かな表現の可能性を持っている場合には。

クヴァンツの言うもう一つのカテゴリー「任意の変更」は、語り以上に歌唱のレベルに作用する。単音では、テクストの感情の流れが十分に表現されないという場合には、そこに華やかな装飾を加えることは助けとなるだろう。このように、「任意の変更」は強いシラブルや意味深い単語に用いられるべきで、そのような単語の内面を表現した結果となるべきだ。このような装飾音は、すべて同じような強さで響くべきではない。そうなるとそれらの音はどれもが本質的になり、すべてがそれ自身のシラブルに値するようになってしまうからである。私が前もって、ヴォカリーズでのディミヌエンドやスラーについて検討してきたのはそのためだ。たとえ、このような装飾音が準備され記譜されたとしても、そしてそれが正確でも不正確でも、まるで演奏者がその場で思いついて演奏しているように聞こえなくてはならないし、その瞬間の感情の動機を持つべきである。そうでなければ、音のグループはスケールやアルペッジョの練習になってしまうだろう。あるパッセージを二度、同じ方法で装飾しないのが理想である。いかに多様な装飾がありうるかは、コレッリのヴァイオリン・ソナタ作品五（一七〇〇年）の緩徐楽章に書かれた数多くの装飾音で例証されるだろう。一七一〇年のアムステルダム版は、コレッリ自身の奏法を掲載している――少なくともこれは出版社が主張したことなので、それを信用しない人たちは、出版社が所蔵するコレッリの自筆譜を見にきた。それでも、コレッリが常に同じ装飾音を付して演奏していたわけではないと考えるべきである。一八世紀末までに出たさまざまな出版譜や手稿譜では、これらの楽章にまったく異なる装飾音が書かれている。このように後世の版は、コレッリ自身の実践について有益な情報を与えてくれるものではないが、装飾音の様式が、一八世紀を通じてどのように変化したかを概観するには良い。

「任意の変更」をどのように創案するか、それを学ぶ方法はたくさんある。たとえば、何らかの「レシピ本」を見れば、各音程が一連の装飾音や分割の例とともに記されているし、テレマンの《メトーディッシェ・ソナタ集》(一七二八、一七三二年)(譜例4を参照)のように、単純な旋律と、装飾されたヴァージョンが併記されている作品を例に学ぶこともできる。作品中の細かなパッセージの多くは、単に書き記しただけだと気がつくべきで、そのように書いてあるからにはそのように演奏されなければならない。しかしこうしたパッセージが「任意の変更」でしかないなら、自由に自分自身の発想に変えても良いのかもしれない。実際、人気のオペラ・アリアでは、作曲家が書いた装飾が、一八世紀から二〇世紀初頭までの有名な歌手たちによって変えられたり補完されたりしていた、という資料が山ほど存在する。歌手たちは、原典版への行き過ぎた尊敬に邪魔されることはなかったのである。アデリーナ・パッティやルイーザ・テトラッツィーニのようなソプラノ歌手によるオペラ・アリアの初期録音では、こうした例をまだ聴くことができる。こういった変更や装飾の自由な追加は、少なくとも二〇世紀初めまでのイタリアの伝統では、独奏者の特権だったのである。

グルックは、作曲家が書いた通りに歌手に歌わせようと試み、一七六九年版の《アルチェステ》の序文でそれを表明しているが、その考えはいささか甘かったようだ。この重要な序文は、声楽で当時一般的だった作品および演奏のスタイルについて雄弁に語っている。当時の作曲家は、歌手が手の込んだパッセージや自由な装飾によって自分のヴィルトゥオーソ的能力を存分にひ

譜例4　G. Ph. テレマン《ヴァイオリンまたはフラウト・トラヴェルソと通奏低音のためのメトーディッシェ・ソナタ》より〈アダージョ〉TWV41:A3（1728年）、第1～11小節

けらかすことを許さなければならなかった。グルックは、作曲家もまた歌手の虚栄心に進んで迎合してしまっていると非難している。グルックの改革は、まさにこの悪弊をなくすことを目的としていた。そのわずか一年後の《パリーデとエレーナ》(ウィーン、一七七〇年)の序文で、グルックはもう一度「悪い」実践例を挙げている。楽譜に書かれているよりも音を長く伸ばしたり、逆に短く切ったり(勝手なルバート)、アッチェレランドやクレッシェンドがするべきところでなされなかったり(これらは普通、作曲家ではなく歌手が決めることだった)、品のないアッポジャトゥーラ、トリル、コロラトゥーラを付けたり(これらも作曲家ではなく歌手の領域だった)などである。グルックは、これらの効果は、他の作曲家の作品ならば、それを損なうよりむしろより良くするものだが、グルック自身の作品にとっては、破壊以外の何ものでもないと主張する。けっして謙虚な態度とは言えない!

歌手が印刷された楽譜にどのようなものを加えたのか、実際の例をドメニコ・コッリの《称賛すべき歌と二重唱の選集》(第一~三巻=一七八〇年頃、第四巻=一七九四年以降、第二部としての第五巻=一八一〇年)で見てみよう。コッリは有名なニコラ・ポルポラの弟子で、彼自身もイギリスでは影響力のある声楽教師だった。彼はこの曲集で、人気のあるレチタティーヴォやアリアを多数、偉大な歌手が演奏した方法と一緒に掲載している。その例の一つがグルックの《オルフェオとエウリディーチェ》より〈エウリディーチェを失って〉で、初演でオルフェオを歌ったガエターノ・

グアダーニによる装飾が付されている（そのリズムの応用については、先に見たとおり）。第一巻の導入部分で、コッリはあらゆる表現豊かな技巧（装飾、リズム、ピッチさえも）が不十分にしか記譜できないことを嘆き、新しい記号を導入することによってそれを改善しようとしている。彼曰く、

そのような記号がないために、半世紀前の音楽の大部分が今日では同じ国の中でさえ失われてしまっているし、外国ともなれば同時代のものでも理解できなくなってしまう。

ということだ。そうなると、二世紀も経ってしまった私たちにはほとんど望みもなさそうだ！明らかに、演奏者に対してオープンで、創意工夫を望まれている作品もある。それらは何の装飾もつけられないなら、シンプルすぎて無表情に響く。では、どこで自由な装飾をつければよいのだろうか？　声楽作品では主に、感情が大きく動く意味をもった言葉、そして「良い母音」のところにつける。フランスのバロック・オペラならば、典型的なのは、「栄光 gloire」や「勝利 victoire」といった言葉である。もし速い楽章に用いられるなら、さらにヴィルトゥオーソ的なパッセージの形をとる。ゆっくりした楽章ならば、音価はあまり規則的ではなかったり、規定されなかったりする。ブリュッセル王立音楽院の図書館は、フランツ・ベンダ（一七〇九〜一七八六）のヴァイオリン協奏曲の楽譜をたくさん所蔵している。そこには、彼が「変奏」と呼んだ

彼自身の装飾が、速い楽章にも遅い楽章にも付いている。これは、どの程度まで装飾されうるかについての素晴らしい例である。他の典型的な例は、オペラ・アリアのダ・カーポ部分（ここでは装飾が「必須」だった）や、ある楽想や部分が繰り返される箇所である。クヴァンツは『フルート奏法』で、その装飾が作曲家ではなく演奏者の発想によるものであると聴衆が容易に聴きとれるように、楽想を最初はシンプルに、繰り返されるときには装飾を付けて演奏するようアドヴァイスしている。クヴァンツはまた、トリオ・ソナタやデュエットでは、最上声部の装飾は模倣されるべきで、対旋律によって消されたり誇張されたりしてはならないと述べている。このことは、テレマンの《メトーディッシェ・トリオ》（一七三一年）が良い例証である。

特別なケースは、「ドゥーブル Doubles」である。その由来は、一七世紀フランスのエール・ド・クールだ。これは対になった歌詞のうち二つ目が、しばしば非常に複雑なリズムで高度に装飾されるものである。その時代のフランスの器楽作品にも、同じような様式が見られる。J.S.バッハは時折、器楽作品で「ドゥーブル」を書いた。それらは「本質的な方法」を伴うこともあれば、非常にヴィルトゥオーソ的な「任意の変更」を伴うこともある。ドゥーブルは常に、ほとんど独立した作品のように、単純なヴァージョンのあとに置かれた。C.P.E.バッハは《変奏付きソナタ集》で、繰り返される部分に自由な装飾を書き記した。これは実際にどこから繰り返しが始まっているかを理解するのが難しい。というのも、基本的な和声は保たれているが、左手でさえしばしば変化させられているからである。

たいていの手引書が強調していることは、良い「任意の変更」を創案するためには作曲の規則を知らなければいけない、ということである。つまり自由な装飾は興味深いだけではなくて、和声的に正しく、作品全体によく溶け込んでいなければいけない、と強調される。「本質的な方法」に、最終的に必要とされるのは「良い趣味」であることも言及されている。バーニーは『フランスとイタリアの音楽、人、様式』(一七七〇年)に附録として付けられた音楽用語の解説で、趣味という概念を非常に興味深く定義づけている。

趣味とは、的確な判断で、旋律やパッセージを、加えたり、分割(diminishing)したり、変化させたりして、「より良く」するものである。もしこれが「装飾を加えること gracing」の不変の規則だとするなら、第一級の作品にあるパッセージは、めったに変えられることはないだろう。

(この引用文中の diminishing は、一六〜一七世紀の意味で用いられている。演奏において、長い音が短い音価へと分割(diminution)されることである。)

良い趣味は、書かれている音に忠実に従う以上のことをしなければならないが、C・P・E・

バッハは『正しいクラヴィーア奏法』(一七五三年)で、演奏者が自信を持って付ける自由な装飾が、作曲家も一度は考えて却下したアイディアだということも十分ありうる、と述べている。

装飾の度合いと楽章のテンポは、明らかに関連している。一八世紀後半、ベルリンの多感様式では、アダージョにさらに自由な装飾がつけられることによって、テンポが遅くなったに違いない。逆に、非常にゆっくりしたアダージョが好まれたことで、先に触れたベンダのヴァイオリン協奏曲のように、演奏者に広範な装飾の余地が与えられた。多感様式の協奏曲の緩徐楽章は、装飾がなければまったく説得力がなく、広範な装飾を加えるという実践は古典派時代まで続いた。緩徐楽章に装飾が施された興味深いヴァージョンとして、モーツァルトの《ピアノ協奏曲イ長調》KV四八八(一七八六年)が挙げられる。モーツァルト自身の手によるものではないが、モーツァルトが遺したものに由来すると思われるもので、おそらくモーツァルトはそれを知っていて、弟子のために準備したのかもしれない。

自由な装飾音をどんなふうに加えたら良いか? これは、古楽を「正しく」演奏したいと望む「モダン」の演奏者から最初に訊かれる質問である。だが、私が思うに、これは訊くべき最後の質問であるべきだ。まず、他のすべての要素が理解されなければならない。そうでなければ、装飾は根本的に「モダン」の概念で適用された、輝かしいだけで中身のない、薄っぺらなものにしかならないだろう。

11　カデンツァ　Cadenzas

アリアやソナタ、協奏曲に見られるカデンツァとフェルマータは、自由に即興された装飾と関連している。フェルマータは一つの和音、たいてい属七の和音上で演奏されるもので、そのため一つの基本的な和声に限定される。それに対しカデンツァは、作品の最後かソロの最後の直前、ドミナント上の四六の和音と三五の和音が連続するところで演奏される。どちらも、その場で即興されるべきだが、演奏者があらかじめ書き記して準備していたとしても、即興のように聞こえるべきである。カデンツァは歌手のあいだで、まずはイタリアで一七一五年頃に、その後ドイツやイギリスで流行となり、歌手を模倣すべきとされていた器楽奏者たちにも急速に広まっていった。

クヴァンツの『フルート奏法』（一七五二年）によると、カデンツァは短く、新鮮で、規則的なテンポや拍子なしで演奏されるべきで、かつスピーチでの「名言」のように、驚きがあるべきものである。一般的に、歌手と管楽器のためのカデンツァは、一息で演奏されなければならない。

弦楽器の場合にはいくぶん長く、鍵盤楽器の場合は、転調や模倣の可能性を駆使して最も長いものになり得る。独奏者が二人以上の場合は、カデンツァも長いことが多いが、当然ながらめったに即興では演奏されない。タルティーニは『装飾法』（おそらく一七五六年以前に書かれた）で、カデンツァが作品のもっとも興味深い箇所ではないものの、聴衆が望んでいるので、演奏者はカデンツァを創案できなければならない、と述べている。タルティーニのカデンツァの例は、驚くことではないが、控えめなものである。良いフルート奏者なら一息で吹けただろう。歴史上のさまざまな例がこの想像を確かなものにしてくれる。そこから、声楽、管楽器、弦楽器のカデンツァで作品本体の主題を使うことはほぼないこともわかる。使っているときは、たいてい大成功とは言えない。短いカデンツァの場合、モティーフをそのまま引用することもままならず、それにちょっとした導入と最後のトリルを加えることくらいしかできない。普通の短いものとは別に、カデンツァというよりはカプリスのような、並外れて長いヴァイオリンのカデンツァが、ヴィヴァルディやタルティーニ自身によって残されている。手が込んでいてとても難しいカプリッチョが入っているロカテッリの《ヴァイオリン協奏曲》作品三（一七三三年頃）の速い楽章は、不思議なことにカデンツァという言葉が最後に書かれている。つまり、長く猛烈な速さでヴィルトゥオーソ性を誇示した後、演奏者は自分自身のカデンツァを、おそらくごく短く、カプリッチョ自体よりも旋律的に即興することになっていたのだろう。バッハの《ブランデンブルク協奏曲》第五番のチェンバロのカデンツァは、鍵盤楽器のものの中でも異常に長いカデンツァの例で、カプリス－カデンツァに似ている。C・P・E・バッハによるオリジナルの鍵盤楽器のカデンツァ集は、長いカデンツァでは作品自体との主題のつながりがあるが、必ずしもその必要はないことを示している。短いカデンツァは、せいぜい小さなモティーフに基づいているくらいで、作品から正確に引用されることはほとんどない。C・P・E・バッハの短いカデンツァのいくつかは、右手だけに限定されている。モーツァルトの鍵盤楽器のカデンツァは、しばしば主題的かつ非常に独創的で、比較的長い。彼の妻によると、それらは弟子たちのために書かれたものだった。おそらく彼自身はカデンツァを即興しただろう。そして毎回違ったやりかたで弾いただろう。作曲家兼演奏者がカデンツァを書くときには、明らかに主題的な要素が多くなり、それらを組み合わせて舞台に乗せるのに十分なほどの創意が見られる。その意味で、モーツァルトのヴァイオリン、オーボエ、フルートのための協奏曲にカデンツァが残されていないのは、とても残念である。それらも、平均的な五線紙の二段分よりも長かったのだろうか？　モーツァルトが書き記した一つの旋律楽器のためのカデンツァで、唯一現存しているのが《音楽の楽しみ》KV五二二（一七八七年）の緩徐楽章である。それは長すぎるわけではないが、カリカチュアを意味しているのは明らかだ。ここから何を避けるべきかを学ぶことができるだろう。短い声楽のカデンツァは、モーツァルトの《ソルフェージュ》KV三九三（三八五b）（一七八二年？）の最後に置かれている。手稿譜にはバスが欠落しているのでモーツァルトが認識していたかはわからないが、確実に器楽的な四六－三五カデンツァの輝かしい例である。これは旋律楽器のカデンツァの一つのお手本と言えよう。管楽器のためのカプリス－カデンツァはとても珍しい。シャルル・ドゥリュスはそれらのうち一二曲を『フラウト・トラヴェルソ奏法』（一七六一年）で出版した。このフルート教本は、ジェミニアーニが一七五一年に出版したヴァイオリンの教則本（フランス語訳は一七五二年にパリで出版）に強く依拠していた。おそらくドゥリュスは彼のカプリスでも、イタリアのヴァイオリンのイディオムを模倣したのだろう。絶賛されていたヴィルトゥオーソ・フルート奏者、フランソワ・ドヴィエンヌ（一七五九～一八〇三）でさえ、彼が書き記した例から判断する限り、一息で演奏できる長さのカデンツァを継承している。

様式というものがどれだけ速く変化するか、改めて考えるととても興味深い。モーツァルトの《ピアノ協奏曲ニ短調》KV四六六に対してベートーヴェンが書いたカデンツァ［WoO五八］は、ベートーヴェンには典型的なものだが、モーツァルトにとっては典型的ではない。さらに後の一九～二〇世紀の「コラージュ・カデンツァ」は、カデンツァの様式と協奏曲の様式がもはや一致せず、弦楽器や管楽器のためのカデンツァが、ピアノのためと同じくらい長く、野心的である。今日でも、古楽の管楽器奏者や弦楽器奏者でさえも、器楽の英雄によるロマンティックなイメージの誘惑に負けている。一八世紀の作品のカデンツァが、記録に残された一八世紀の実践に即した様式で演奏されることは、非常に稀である。今の演奏家たちは、手の込んだロマン派のヴィルトゥオーソによるカデンツァに聴き慣れている聴衆をがっかりさせることを、恐れているのだろうか？

「任意の変更」とまさに同じことで、カデンツァの演奏にも二つの側面がある。つまり、うまく作曲されたとしても、実際の演奏次第でそれが良くも悪くもなる。このように私たちは、記譜されたカデンツァの「暗号を解く」ことが大切だ。クヴァンツも言うように、真の演奏とは記譜され得ないのだ。

即興は、言葉の定義によれば記譜されないものだが、書き記された主題から始まることがあり（主題的カデンツァや即興の変奏曲のように）、またいくらかきれいに整えられた形ではあろうが、後から書き記されることもある（バッハの《音楽の捧げもの》ＢＷＶ一〇七九の場合のように）。多くの作品が即興に端を発するという事実は、必然的にその演奏にも影響を与えるだろう。

12 即興 Improvisation

多くの偉大な作曲家は、偉大な即興演奏家でもあった。自作を演奏するときにはかなり即興を交えて演奏しただろうし、自由な装飾やカデンツァの範囲を超えて、演奏するたびに作品に変化を加えていただろう。よく知られているように、ヘンデルは自作のオルガン協奏曲を演奏するとき、かなり即興的に弾いた。このことは、没後に出版された《オルガン協奏曲集》作品七で、いくつかの楽章や部分が消失しているという事実の説明ともなる。

ファンタジア、カプリス、トッカータ、プレリュード・ノン・ムジュレなどというタイトルが付けられた作品は、とくに即興様式に近いと考えられる。自由に記譜され、小節線がないものもあれば、完全に拍節的なものもある。こうした作品の当時の録音はないので、C・P・E・バッハの『正しいクラヴィーア奏法』第二巻（一七六二年）における「自由ファンタジーについて」という章に記されていることが、演奏の参考になる。フローベルガーのトッカータには、プレリュード・ノン・ムジュレに非常に似たものがあるが、たいへん厳密に記譜されたことで、後世の手本となった。多くの即興演奏家、とりわけJ・S・バッハとモーツァルトは、自由ファンタジーだけでなくフーガの即興演奏でも有名だった。たとえばバッハがポツダムのフリードリヒ大王を訪れ、王の主題とその後に自身の主題で即興演奏したとき。そしてシューベルトが名高いシューベルティアーデで即興したとき。あるいはショパンがパリのサロンで即興したとき……。そういう場に同席したかったと望まない者などいないだろう。

楽譜を正しく解読するだけでは十分ではなく、資料の根拠や伝えられている情報の価値を判断しなければならない。これは科学だけでは良い結果がもたらされ得ない、デリケートかつ避けがたい問題である。

13 手稿譜、印刷譜、改訂、モダン・エディション

Manuscript – Print – Revision – Modern Editions

楽譜はたいてい、すぐに使うために書かれたものであって、永遠に残すためではなかったし、今日のような学術的なエディションなどという観点は確実になかっただろう。古い手稿譜や印刷譜を扱ったことのある人なら、とくにアーティキュレーションや強弱記号の位置が不明瞭であったり一貫していなかったり、記譜の細かい部分に多くの間違いが含まれていたり、という経験をしたことがあるだろう。J・S・バッハの《無伴奏ヴァイオリンのためのソナタとパルティータ》BWV一〇〇一～一〇〇六（譜例5を参照）や、一八世紀前半のフランスの彫版印刷のように、非常に美しいものもあるが、残念ながらそういうものは例外であり、普通はそうではない。自筆譜といっても、急いで書かれることが多いため、完全ではなく間違いが散見される。細かい部分まで非常に重要と見なされていたわけでないことは確実で、いずれにせよ、疑問が生じたとしても、演奏の場には作曲家自身か、有能な弟子や同時代の人間がいただろうし、演奏者はその様式に慣れているだろう。

譜例5　J.S.バッハ《無伴奏ヴァイオリンのためのソナタ》より〈アダージョ〉BWV1001（1720年）　ベルリン国立図書館、メンデルスゾーン・アルヒーフの許可による（D-B, Mus.ms.Bach P967）

J・S・バッハは自作を絶えず改訂したことで悪名高い。エマヌエルの手元にあった自作の鍵盤作品の楽譜が一部現存しているが、走り書きで、変更したり装飾を記したり推敲をした跡がたくさん残っている。そのような書き込みがすべて同時期のものでないことは確実で、校訂者にとっては悪夢である。さらにC・P・E・バッハの作品のいくつかは複数の手稿譜や印刷譜が現存しているが、タイトルや、テンポ、調性、楽器指定が違っていたり、楽章が追加されている場合さえある。典型的な例はチェロ協奏曲で、彼は後にこれをチェンバロのためとフルートのために書き直した。独奏パートが劇的に変化し、新しい楽器に応用されたばかりでなく、ときにオーケストラ・パートさえ変更されている。

J・S・バッハは、多くの宗教カンタータやミサ曲、そして受難曲に見られるように、初期の作品をよく改訂した。他にも、ヴァイオリン協奏曲をチェンバロ用や《ヴァイオリン・ソナタ》BWV一〇一九に編曲しているが、すべてのヴァージョンで同じ楽章を含んでいるわけではない。バッハの《ヴィオラ・ダ・ガンバ・ソナタ》BWV一〇二七はもともと、二本のフルート（あるいはヴァイオリン?）と通奏低音のためのトリオ・ソナタ〔BWV一〇三九〕だった。このソナタのうち三つの楽章〔第一、二、四楽章〕は、オルガンのヴァージョンとしても存在する。これはバッハの手によるものではないが、彼の周囲にいた人物ということは確実だ。その当時、いろいろなヴァージョンに対して、どれがオリジナルでどれが決定版だとか、最良のものはどれか、といった概念は存在していなかったようだ。

たとえ資料の系図がはっきりわかったとしても、それは必ずしも作曲家自身の優先順位を反映したものではない。大規模なオーケストラを有する裕福な宮廷、王子の結婚や葬儀のような特別な機会、教会の重要な祝典などは、すでに書いた作品をより贅沢に書き直す機会を与えたことだろう。ヴィヴァルディは、もともとは弦楽器と通奏低音の伴奏だけが記されたヴァイオリン協奏曲が、有名なドレスデンの宮廷オーケストラで管楽器のリピエーノを加えて演奏されたとき（指揮はピゼンデルで、おそらく彼がこの追加パートに責任を負っている）、難色を示しただろうか？あるいはヴィヴァルディは、一度はメンバーを集められたけれども、この豪華なオーケストラ・ヴァージョンを常に求めるのは現実的ではないと考えたのだろうか？　新しい歌手の存在は、あるアリアを削除し、別のアリアを作曲するのに十分な理由だった。様式と流行は急速に変化していたため、作曲家は自身の作品を、時には他の作曲家の作品をも、アップデートしなければいけないと感じたのかもしれない。

注意深く校訂をほどこされ、きれいに印刷されたモダン・エディションは、危険なほどに決定的で信頼性のあるもののように見える。疑う余地などないかのようだ。一方、有名なヴィルトゥオーソたちは、たくさんのモダン・エディションを手元に置いて参照しながら、自身の解釈を自由に盛り込んだ楽譜を出版した。まるで楽譜の購入者は根本的に無知で、自分で考えることができないかのように。原典版の場合、専門家である校訂者は、たいてい演奏家ではなく音楽学者だが、諸問題を「解決」し、演奏者は彼を信じるよう期待されている。校訂報告はたいてい読みにくく、しばしば別冊として出版され、演奏者よりも同僚の校訂者や学者に向けて書かれている。これには別のやりかたもあるのではないだろうか？　私は、自分で校訂した原典版には、歴史的資料に基づく演奏のアドヴァイスを独立した章として入れるよう、編集者に頼んだ。楽譜は、問題となる箇所や未解決の謎に特別な注意を払い、演奏者に自分自身で決断を下すよう促すようなものにした。

　私たちは原典版を、厳格に従わなくてはならないヴァージョンとしてではなく、作品を探求する出発点として用いるべきである。もしも原典版を「真実」で「真実でないことは書いていない」と捉えて演奏するならば、確実に多くのことを失うだろう。責任のある演奏者ならば、とくに古楽奏者だが、原典版に限らず、他の学問的なエディションと校訂報告を研究すべきだし、自分で資料を見るべきだと私は思う。そうすれば、演奏者は自分自身の結論や選択を明確にでき、それについて仲間と議論し、リハーサルや演奏会で試してみることができる。そうして得た解決法は、「妥当なvalid」ものではあるが、必然的に、つねに一時的なものでしかない。一人一人の演奏者は、唯一無二の存在である。たとえ最良の現代譜であっても、本書のタイトルは真実なのである――楽譜は音楽ではない！(the notation is not the music!)

楽譜がどのように読まれるかも、演奏そのものも、文化的な環境によって決まる。だから、聴衆の態度や、演奏者の態度といったものも、そんな話題は楽譜の探求とは関係がないと思えるかもしれないが、考察されるべきだ。感情《エモーション》と情念《アフェクト》の違いや、それを聴衆に伝える方法についても、検証が必要である。そしてこの項では最後に、〔古楽演奏でよく話題になる〕真正性《オーセンティシティ》という概念を取り上げる。オーセンティシティには二つの側面があることを、議論することにしよう。

14 聴衆の態度

The audience's attitude

プロの音楽家は、かつてはたいてい宮廷か町か教会に雇われていて、完全に独立した存在ではなかった。聴き手または雇い主の性格や教育の程度（音楽だけでなくその他についても）や社会的な階級によって、そしてその地のマナーや、音楽家に期待されるものは、必然的に、作曲家にも演奏者にも影響を与えた。これは今も、それほど変わってはいない。私は、たとえば玄人の小さな集まりで演奏するときと、大きなコンサートホールで専門家ではない聴衆を前に演奏するときでは、同じように演奏することはない。録音でも同じことがあって、一人きりでマイクの前に立つときは、私の魂は未来の、そして未知の聴衆とリンクしている。ライヴ録音はそれとは違う。コンサートでは、一人で演奏するときよりも過度で華麗な、圧倒的な演奏をすることも可能だが、こうした演奏をCDに残すと、繰り返し聴くうちに新鮮味がなくなっていくことが多い。どういうわけかわからないが、私は、CDの聴き手には創造的なファンタジーや参加の余地を残しておくことを好んでいる。

こういったことに対して、かつての演奏者が（意識的であれ無意識的であれ）どのように対応してきたのか、いくつかの例を見ていこう。

ルイ一四世の宮廷でおこなわれていたフランス音楽のスタイルでは、ヴィルトゥオーソ性の誇示は評価されなかった。当時のフランスでは、あらゆる芸術において、高貴な単純さと優美さとが特有のバランスを保つことが尊重されていたのだが、ヴィルトゥオーソの誇示はそれを欠くものだったからである。フランソワ・クープランは《クラヴサン曲集》（一七一三年）の序文で「私は、私を驚かすものよりも私を感動させるものの方を好む」と書いているが、それはこの貴族的な態度を非常に雄弁に説明している。私はこれを、一七二五年頃までのフランス音楽の信条《クレド》だと考えている。一七二五年以降、パリのテュイルリー宮殿で開催されるようになったコンセール・スピリテュエルは、それとはまったく違う状況を作り上げた。これは大きな会場の公開演奏会で、聴衆がチケット代を払って聴きに来るものだったからだ。演奏会が経済的に成り立つかどうかは、聴き手の趣味と評価にかかっていたのだが、聴き手はもはや宮殿内に留まる人々ではなかった。この催しはもともと、オペラ公演のない期間に宗教音楽を聞かせるために開催されるようになったのだが、だんだんと、多くのイタリア人、また他の外国人のヴィルトゥオーソたちに、その輝かしい舞台を提供するようになった。聴衆を喜ばせ驚かせるために、である。本来はそういった目的のために創立されたわけではなかったのだが、コンセール・スピリテュエルは、フランス音楽の趣味の変化に貢献しただろう。

・オペラの上演中、聴衆は今日のように必ずしも礼儀正しく静かに観劇していたわけではない。それはさまざまな資料から明らかで、聴衆はおしゃべりしたり、食べたり、出入りしたりできたし（今日の映画館の客と同じようなものだ）、偉大なスター歌手がお気に入りのアリアを歌うときには、じっと聴き入ってアンコールを求めたりした。オペラは芸術的なイヴェントというよりも、社会的なイヴェントだった。人々は見るために、かつ見られるために、劇場へ足を運んだのである。一方で、台本が売り出されていたので、関心のある聴衆は、それで歌詞を追いながら聴くことができた。これは礼拝のカンタータでも同様だった。

・とはいえ、聴衆がいつもこのように、勝ち組の側にいたわけではない。たとえば一八世紀後半のベルリン・ジングアカデミーがそうだが、私的な音楽協会には特別な規則があった。定刻に到着し、喫煙はせず、飲食も禁止、私語は慎むこと……。明らかにここには、礼儀作法が必要とされ、強制力も持ち得たのである。

・シュポーアは『自伝』（一八六〇～一八六一年出版）の中で、シュトゥットガルト宮廷でのコンサートの最中、王とその側近たちが音楽にたいした注意を払わずカードゲームに興じ、静寂を保つことさえしなかったと語っている。シュポーアが当地で演奏するよう招かれたのは一八〇七年か一八〇八年のこと。その頃の彼はすでに十分著名な音楽家だったから、ゲーム台を脇に片付け、沈黙を保って傾聴するよう聴衆に求めることはできたはずなのだが。

・近年の話題から一つ。ＢＢＣの初代会長ジョン・リース男爵が、一九五〇年頃に、若き音楽学者デニス・スティーヴンスを、有名な「ＢＢＣ３」の番組に迎えるにあたって、このような方針を伝えたそうだ。「私たちは公衆が何を望んでいるかを正確に知っているが、彼らが欲しているものは決してやらない！」

15 演奏者の態度

The Performer's Attitude

かつての音楽家は、今日ではまったく羨ましいと思えない状況で演奏を強いられるのが普通だった。食事のあいだ、レセプションや舞踏会のあいだ、野外で、水上で（ヘンデルを思い出していただきたい）——つまり単なるBGMとしての演奏だ。私はこのような状況に対して、演奏者がみな同じように対応したわけではないだろうと思っている。おそらく、仕事は上の空で任務以上のことは何もしない人もいれば、派手なヴィルトゥオーソ様式の大きな音や大きな身振りをふんだんに使って歌ったり弾いたりして、注意を引こうとした人もいただろう。今も昔も「スタンダードな」演奏者などいない。気質、能力、野心、文化的・社会的階級の特殊な慣習に基づいて受けた教育、音楽家が果たすべき役割や、演奏の文化的背景が、演奏者の態度を形作っている。もしその演奏家が「ただの」演奏者で、自分の作品を発展させたり他人の作品を書き換えたりできる有能な作曲家ではないなら、作品に独自の解釈を加えることに対して野心的ではなくなる（またはあまり成功しない）のは当然だろう。

音楽が立脚している三つの柱——作曲家、演奏者、聴衆——のかなり複雑な関係を考えることは、とても興味深い。作曲家と聴衆は、音楽家がどのように振る舞い、〔楽譜を〕読み、それを実現することを期待したのだろうか。楽譜に忠実でなければならなかったのか、それとも自身の装飾や表現の工夫を加えて自由に発展させても良かったのだろうか？　ここで、演奏者の権利、責任、義務について、さまざまな角度から考察していこう。

a　アマチュア vs プロ

例外はあるが、アマチュアは今も昔も、基本的に自分の楽しみのために演奏し、誰かに対して責任を持つことはない。作曲家が演奏の場に居合わせることはなかっただろうし、もし誰か聴きたい人がいれば、それは完全にその聴き手の問題である。アマチュアの演奏家は、CDを買ったりコンサートに行ったりする人と同じように、自己本位の態度で演奏することができる。時に聴衆を前に演奏する機会があっても、楽譜の十分な解釈や聴衆との交流よりは、（「プロのように」）公の場で演奏するのだという個人的な満足感のほうに重点が置かれる。

対照的に、プロは他人を、つまり聴衆を喜ばせるために演奏する。聴衆はチケットを買い、お洒落をしてコンサート会場までやってきて、そのイヴェントを楽しもうとする。これは明らかに、演奏者により重い責任を与える。まさにセールスマンと同じで、自分が売っている製品のクオリティによって自分の価値が決まる。もちろん、プロの演奏者にとっては個人的な楽しみが主な目的ではないとはいえ、もし自身の仕事に喜びを感じられなかったら、早晩、燃え尽きてしまって、仕事が辛く、不幸になり、幻滅のなかで演奏を完全にやめることになるだろう（やめるなら、遅いよりも早いほうがましだ）。

ここで検討したいのは、プロの演奏家である。プロはしばしば、聴衆と作曲家のあいだで危うい綱渡りをしているように見える。作曲家と聴衆はどちらも、相手を必要としている。作曲家は自分の音楽が聞かれるために演奏者を必要とし、聴衆は作曲家が作曲したものを聴くために演奏者を必要とする。楽譜を読むことができず、心の耳で直接的にかつ正確に聴くことができない聴き手は多い。ところが演奏家というものは、作曲家と聴衆のどちらにも依存している。演奏家はたいてい自分自身では作曲しないため、自分のために曲を書いてくれる人が必要だ。そしてまた、演奏家は聴衆も必要とする。ステージに立って、感情の高まりを聴衆と分かち合いたいと願っている。彼らは聴衆の感情を揺り動かし、その返礼として、賞讃されることを期待しているのである。

b　コンパス

地図の書かれた水平のラインを想像してみてほしい。聴衆を西の端、作曲家を反対側の東の端に置く（図6）。このライン上で、演奏家はさまざまなポジションを選ぶことができる。

・北、線の上——作曲家よりも、同時に聴衆よりも、立場が上だと信じている演奏者。
・南、線の下——自分のことを作曲家や聴衆の奴隷だと考えている演奏者。
・西——聴衆に最も多くの関心を払う演奏者。
・東——作曲家により多くの関心を払う演奏者。

ある種の（興味を引かれる）音楽家は、頻繁に場所を変える。しかし、選んだ一つの位置にいることで満足す

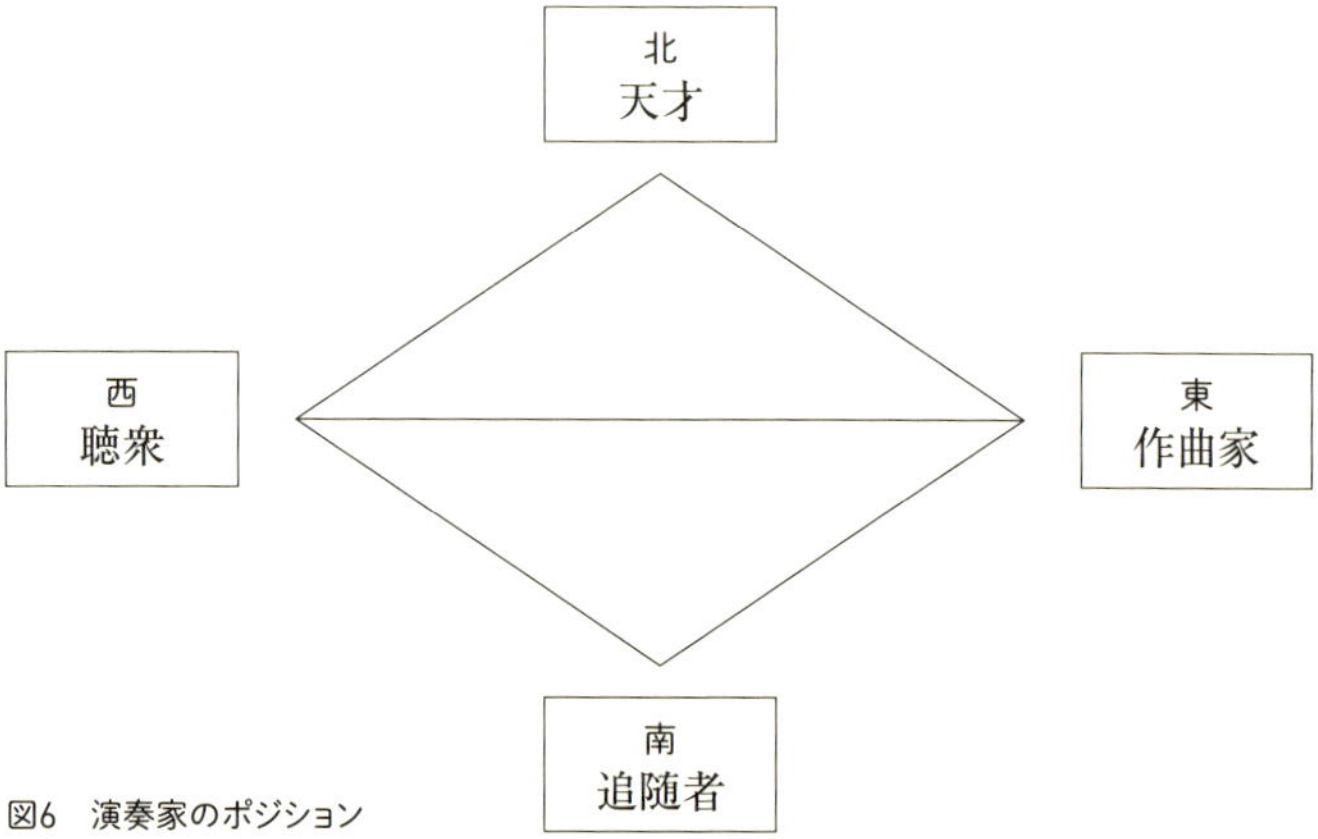

図6　演奏家のポジション

る音楽家も多い。典型的なのは次のようなケースである。

・まず、慎み深く、作曲家の陰に隠れていたい、出しゃばりではない演奏者がいる。そういう人は、匿名の存在でありたいと願い、作曲家の道具でいようと考える。たいていは、安全策をとって印刷された楽譜、それもなるべく原典版を使い、個人的な解釈は最小限に、そして最大限に中立的に演奏する（もちろんそれは幻想にすぎないのだが）。このような人は、まさに作曲家の下、つまり東の線の下に位置する。

・次に、線の下だけれども極端に西の聴衆側に位置するのは「誘惑者」だ。このタイプは、とりわけ聴衆を喜ばせ、魅了したい演奏者で、聴衆に何の努力も求めない（あるいは、テレビやラジオでおなじみの三分枠以上は聴衆に期待しない）。レパートリーになっているのはヒット曲や名曲など。聴衆が旋律を認識でき、好印象を与えられる範囲なら、作曲家が実際に書いたことはさほど気にせず、自由に何でも受け入れる。

・三番目のポジションは、「天才」である。このタイプは自分のほうが作曲家よりも力があると見なしているか、少なくとも作曲家と同じくらい自分が重要であると思っていて、作曲家に対する責任をあまり感じていない。コンサートの真のヒーローとして、彼は見事に聴衆を魅了する。そしてすぐに彼とわかるような、真似のできないスタイルと音を持っている。もちろん、彼が純粋に卓越した芸術家で、傑出した個性を持ち合わせているなら、彼の演奏を聴くことは素晴らしい経験になるだろう。彼は、演奏する作品や作曲家よりも、自分自身を前面に出すだろうが、もし彼が本当に作曲家と同じくらいかそれ以上に天才的なら、文句の付けようもないではないか？　こういう音楽家は、作曲家や聴衆の上の北に、西と東からは等距離に置かれる。

・南に下ると、この線の下に天才を鏡に映した像が見える。すなわち、天才の忠実な生徒、自分では物事を考えず、師匠の指使い以外では演奏しないような「弟子」である。このようなややグレーな態度は、国際コンクールでたびたび出会う。もっとも、入賞者にはめったにいないが。

私はわざとこの四つの態度——東、西、北、南——を極端に描いている（アマチュアとプロのあいだの違いも同じ）。たいていの演奏者は直感的に、より中庸な、あるいは四つが混じりあったポジションを取っている。しかし、もっと意識的に自分のポジションを決めることは、新しい可能性を開くことにつながると思う。

C　古楽へのさまざまなアプローチ

この東西のラインで考えてみると、今日の古楽奏者たちはどこに位置しているのだろうか？ご想像の通り、虹に無数の色があるように、さまざまな解決策は共存している。先に私が述べてきた態度と、あまり変わりはない。

・まず、一九五〇年代以降に古楽の分野で起こったことを、まったくなかったことのように振る舞っている人たちがいる。彼らは歴史的な情報を入手することもないし、関心を示すこともない。モダン楽器を使い続け、師匠から受け継いだ技術や様式で演奏している。せいぜい、彼らは北の上か、そうでなければ、むしろ南の下、しばしばかなり西寄りである。数十年前、彼らは「歴史に基づく」演奏がその本質からして退屈で、完全にラインの東の下に位置するという意見を聞いていたのだろう。まるで知識と学問が、真の音楽性を消し去る死であるかのように。幸運なことに、このような態度は次第に見かけなくなっている。

・次に、いまだにモダン楽器を使い続けてはいるが、古い作品を演奏しなければならないときには、録音を聴いたり、特別なレッスンを受けたりする演奏者がいる。彼らは、演奏の伝統も、聴衆の期待も、変化し続けていることを知っていて、チャンスを逃したくないと思っているのだが、いろいろな理由から、時間とエネルギーを変化への対応に注ぐことは選ばず、突き進むことに抵抗がある。一般的に、彼らは直接自分で調査するのではなく、二次的な情報に頼る。おそらく彼らが望んでいるのは、結果を素早く手に入れることで、多くの人々——つまり聴衆、共演者、演奏会の常連客、オーケストラ・マネージャー——に喜ばれることである。残念ながら今日、多くの指揮者や歌手が、そして古楽の専門家さえもが、このカテゴリーに入っている。理論的には、器楽奏者は歌手の例から学ぶべきなのだが、歌手はしばしば誰か他の人に——たいていは器楽奏者で、根本的にモダンの基礎の上に立っている——表面的な「歴史的な」装いをまとわせる。もしこの種の演奏者が素晴らしい本質を持っているなら（おそらく北）、結果はおのずと魅力的になるだろうが、作曲家のいる東からかなり離れてしまう危険がある。もし彼が芸術家としてあまり魅力的でないなら、彼は作曲家の東からは離れているが、南側にいることになる。

・ある音楽家たちは古楽とそこから導かれるものに非常に魅せられ、多くの時間と努力を注ぎ込んでいる。古楽器の奏法を学び、オリジナル資料を研究し、歴史的な演奏実践が実行可能な選択肢であることを経験している。彼らはどこに位置づけたらよいのだろうか？　私自身の経験と信念から言えば、作曲家自身の眼鏡を通して作曲家の言葉を読みとることを学ぶと、時代、ジャンル、楽器、作曲家、作品、コンサートホール、聴衆の種類、そしてもちろん私自身の才能や気質によって、私のポジションが絶えず再定義されることがわかる。構造が重要な、たとえば複雑なフーガのような作品では、明らかに東、つまり作曲家のかなり近くにいなければならないが、魅力的なフランスの優しいロンドーが必要としているのは、おそらく西、聴衆の近くにいることだろう。多感様式の協奏曲の緩徐楽章では、北の端に位置するプリマドンナのように、精巧な装飾を施すのを私はためらわない。実際、作品がそのような目的のものなら、もし私が完全に東の方法で原典版の音だけを演奏したら、大失敗に終わるだろう。一つのソナタの中でさえ（たとえばヘンデルや彼の同時代人）、私はたいてい自分のポジションを楽章ごとに変える。ゆっくりした外交的な第一楽章には、「任意の変更」と「本質的な方法」を贅沢に使うので、北の傾向がある。第二楽章は、しばしば豊かなフガート書法になっていて、より作曲家に近い東側になりがちだ。一般的に柔らかく内向的で、親密な第三楽章（シチリアーノやドルチェなど）では、より西にいる必要がある。北からあまりに遠くにいると、私は場違いだと感じてしまう。最後のジグや他の急速な舞曲には、私はライン上か、それよりわずかに上、つまり聴衆のかなり近くに、東ではなく西に立ちたい。

私は、厳格なフーガを演奏するときでさえ、自分自身を気安くこの東西のラインの下に位置づけることはない、と認めよう。もし私が作曲家の名前のみを前面に出し、個としての自分を参加させず、私自身のいかなる貢献も避けて演奏するなら、私は自分を消してしまうことになり、説得力あるコミュニケーションをもたらす良いポジションに位置することはないだろう。私の演奏は、まるで私自身がその作品を作ったばかりであるかのように響くべきである。それは新鮮な淹れたてのコーヒーのように香るべきで、昨日の残り物の温め直しではいけない。

16 感情《エモーション》と情念《アフェクト》 Emotion and Affect

私たちは皆、話し言葉では「真の」意味が言葉の向こう、または周りにあることを知っているし、感じてもいる。これが、劇場へ行ったり、本を読んだり、詩の朗読に耳を傾けたりすることで得られる恩恵であるし、書くよりも誰かと話すことによって得られる恩恵である。器楽曲はテクストがないため、表出されている概念や感情が明確でないように思われるかもしれない。しかし、明確ではないこと、暗黙のこと、言い表せないことは、すなわち、説得力が強くないとか真実味がないということではない。音楽においても、意味や感情は表層の下に、音たちの向こうに存在する。もしそれを言葉で表現できるなら、私たちは音楽を必要としないだろう。

音楽や演劇について書かれた文章の多くは、聴衆を感動させたいなら、自分自身が感動していなければならない、と説明している。その点において私は、「感情 emotion」（ラテン語で e［x］は「〜から」、movere は「動かす／揺さぶる」を意味する）は、身体と強く結びついていると感じる。実際に私たちが「感動」するのは、内的なある感情から別な感情へ動くことである。心を打たれ、どこかへ運ばれ、我を忘れ、捕らえられ、有頂天になり、耳が聞こえなくなり、傷つけられ、息もできなくなり、愛撫され、奮起し、なだめられる——感情はこのように身体的な状態のことであり、理論的な概念ではない。

もし私がオペラ歌手だったら、物語のヒロインに本当に恋してはいけないが、あたかもそうであるかのように感じなければならない。私はそういったことを嘘とか偽りとは断じて思わないし、下位現実《サブリアリティ》とみなすこともできない。むしろそれは超現実《スーパーリアリティ》であって、どんなに小さな女の子でも、王女を「演じるplay」としたらそれは五〇〇パーセント「真実《リアル》」である（私たちもまた音楽を「演奏するplay」けれど！）。しかし私たちは、小さな女の子とは違ってプロの演奏家として、自分のためにではなく聴衆のために演奏《プレイ》する。

個人的な感情と情念《アフェクト》は、同一のものではない。私はアフェクトを「組織された感情」と定義したい。私はそのことを、楽譜を読むなかで理解するようになった。私が本当に身体的に感じているのが感情で、しかしそれは私だけのものではないしプライヴェートなものでもない。私はそうした感情を、聴衆に植えつけたい。私は書き手（author）からアフェクトを借りる。それは彼が構想し示唆したアフェクトで、彼が聴衆に感じてほしいと願ったアフェクトである（これもまた、書き手のプライヴェートな、あるいは実生活での感情では決してない！）。私はそれを一時的に私のものとして、たとえそれがその瞬間は私にとって（あるいは私の文化的環境にとって）異質なものだとしても、無条件に受け入れる。たとえば、J・S・バッハがカンタータや受難曲に用いたテクストから判断するに、今日、バッハと同じように生きたり宗教を感じたりする人はほとんどいないと思う。しかしそれでも私は、《マタイ受難曲》の〈愛ゆえに私の救い主は死のうとしておられます Aus Liebe will mein Heiland sterben〉を、まったくの無宗教者として、バッハや台本作者がおぼえたであろう感動を無視して、演奏することなどできない。彼らにとっても、そこで選ばれたアフェクトは、聴衆に感じてほしかったものなのである。私個人が実際にキリスト教徒であるかどうかは、聴衆にはまったく関係ないことだ。けれども作品を演奏しているあいだは、その美しいアリアのアフェクトを完全に自分のものにしなければならない。つまり「本当に」信じなければならないのである。演奏が終わると、私は作曲家から借りたものを返すことができる。深い音楽的・精神的《スピリチュアル》な経験に、心からの感謝をおぼえながら。

多くの聴衆はこのようなアフェクト（の変化）を、無意識のうちに経験するだろう。彼らは説明を必要としないのである。同様に、演奏する音楽家は、作品のアフェクトを見分けることができ、いかに聴衆に伝えるかを知っているなら、必ずしもそれぞれのアフェクトを学術的な用語で区別できなくてもいい。たとえればそれは薬のようなものだ——その薬の名前や、ラテン語で書かれた成分一覧よりも、薬の効果があるかどうかのほうがずっと重要なのである。

17 鏡

The mirror

書き手(たち)によって作品に盛り込まれた情念《アフェクト》を通して、楽譜から私へ「動いてくる」ものは、明らかに私の感情を興奮させる。私がアマチュアなら、このような感情を自分のうちに保つことができるだろうが、プロの演奏家として、私は(今日発見し、受け入れ、感じ、そして表現できる限りにおいて)作曲家から示唆されたアフェクトと、それらに対する私自身の瞬間瞬間の反応とを聴衆に向けるだろう。それぞれのコンサートをユニークでやりがいのあるものにしているのは、これらの二つの要素のあいだにある、特有のバランスである。――聴衆はいわば、個々の芸術家によって理解されたさまざまなバッハ作品を聴きたいのである。このように聴衆は私の「翻訳」を通してのみ、作曲家の意図を身体的に経験する。私は中立的でいられるはずがない。私は、演奏者の内面のこの変容プロセスを、「鏡の効果 mirror effect」と呼んでいる。

劇作家としてのゲーテは、このプロセスを、演者(＝解釈者)ではなく書き手の観点から経験したに違いないが、もっと限定的であるように思われる。彼の『俳優への手引き』(一七九一～一八一七年、ヴァイマールで劇場監督という地位にあったあいだにまとめられたもの）の中に、彼のものとされている次の言葉がある。「演者は月のようなものであるべきだ。太陽の光を受けて輝くのみ」。もしこれが本当にゲーテの言葉なら（私は確かめられなかったが）、彼は明らかに、自分自身を躊躇なく太陽と認め、演者にあまり個人的な主導権を握らせたくなかったのだろう。しかし、私の演奏家としての経験から言うならば、演者は、個人的《パーソナル》またはユニークであろうとはしていない。そんなことに関わりなく、私は私なのだ。私の鏡は、楽譜の「光」を映し出すもの。その鏡はハンドメイドで、小さな傷や歪みがあり、色が変わってしまったり映らないところもあったりする。そんな鏡で豊かで完全なイメージを映し出したいと思うなら、その楽譜を私の中に、広く深い意味の層すべてにおいて取り込まなければならない。捉えられないことは鏡に映し出されることもない。私は自分の鏡を、絶対に、私の前には置きたくない。そんなことをしたら、鏡は私と楽譜のあいだに置かれることになる。置くべきなのは、むしろ内面の深いところか、私の後ろだ。映し出すべきイメージは、私が聴衆に向けて映し出す前に、完全に私を通り抜け、私に浸透していなければならない。

演奏が終わると、私は現実の、本当の自己に戻ることができる。たくさんのイメージを映しだしたあと、私の鏡は清潔に澄みわたり、どこにも歪みや欠けはなく、次のイメージに向けて準備ができた状態になっている。

実践の必然的帰結として、はっきりしているのは、私の基本的な疑問が「この曲で私は何ができるだろうか」、「どのように解釈すればよいか」、「どのように装飾すればよいか」といったものではない、ということだ。私が出発点にすべきは、「この曲は何を私に求めているか」という問いである。私は、楽譜を眺める自分の目や眼鏡を通して、私の頭で何かを読み取ろうとは思っていない。できる限り、楽譜が与えてくれる情報が、私の目に飛び込んでくるようにしたい。そういうときは、目も頭《マインド》も精神《スピリット》も体も、できるだけオープンに、すべてを活用できるように、敏感で、感動できるように、保たなければならない。しかしもし私が、自分の野心や欲望から、つねに「北」の立ち位置から始めるなら、演奏するすべての作品に同じソース（つまり私の「ケチャップ」）をかけてしまうことになる。それでは、すべてが同じ味になってしまうだろう。

18 真正性《オーセンティシティ》の二つの概念 The two-fold concept of authenticity

作曲家と聴衆のどちらに対しても、敬意を示し責任を取るということの最小限の証は、第4章で述べたあらゆる証拠を集め、受け入れ、応用することだと思う。私が思うに、それは作曲家や彼の作品をシンプルに公正に扱うこと、そして、作曲家と聴衆に真剣に向き合うことだ。この巨大なジグソーパズルを組み立てようとトライすることで、私はある種の「歴史的な真正性［本物らしさ］Historical Authenticity」にアプローチしている。しかし、決定的な答えや解決策に達することができると考えるほど、単純《ナイーヴ》ではない。演奏の技法が絶えず変化していくとするなら、「究極の真実」は決して存在しない。しかし、外的な事実と、歴史的真正性に到達するための解釈のほかに、私は「個人としての真正性 Personal Authenticity」も必要としている。これは、第16項で述べた、超現実《スーパーリアリティ》を感情として受け入れることである。今ここで聴衆に映し出されているイメージには、私という個人が反映している。個人としての真正性とは、私は嘘をつけないし、つくことを望まないという意味である。

この二つの真正性は、互いを必要とし、互いを補完している。一方がなければ不十分・不完全である。仮に私が真の演奏家、つまり先に述べた意味で「北」の本物の演奏家だったとしても、歴史的な真正性が伴っていなければ、私の個人としての真正性は限られたものとなり、無味乾燥で、エゴイスティックなものに留まる。私の心を動かすさまざまな概念は、楽譜や、過去の演奏習慣によって私にもたらされる、多層にわたる情報や意味によって、絶えず疑問視され、刺激される必要がある。

逆に、個人としての真正性がなければ、歴史的な真正性は、的を射ていない、内容のない、取るに足らない、死んだものとして経験されるだろう。それぞれの言葉が何を意味するのか、なぜこの詩がまさにここに置かれているのか、なぜその言葉がこの形式なのか、どこに強調やアクセントがくるのか、書き手はそれで何を意味しようとしたのか。こうしたことの知識がなく、感じることもなければ、まるで未知の言語による詩を音声学的に暗記しているようなものだろう。こんなふうに朗読したり歌ったり演奏したりするなど馬鹿げている、と私は思う。もしこんなことを仕事の常とするなら、それは恥ずべきことだ。

歴史的な真正性と個人としての真正性の両方があって初めて、常に変化し続けるバランスの中で、聴衆に対し、作曲家のメッセージと演奏者の個人的で誠実な解釈を伝えることができる。聴衆が、なぜ、それ以下のものを受け取らなければいけないか、私にはわからない。

第5章　展望

Outlook

楽譜が私たちに与えるのは、原材料のままの死んだ素材である。私たちはそこから、生きた音楽を作り上げなければならない——さまざまな時代や土地に伝わってきた、読んだり演奏したりする慣習を応用しながら。この探求の道は、当然ながら長い道のりであり、容易に決定的な答えにたどりつけるものではない。もし私たちが、答えではなく疑問を抱き続けるなら、実を結び続けることができるだろう。答えというものは、簡単で心をそそる魅力的なものだが、一時的なものにすぎない。私たちを盲目にし、発見という真髄から遠ざけてしまうだろう。私は答えよりも疑問のほうが、ずっと重要で興味深いものだと確信している。数世紀にわたって、人間は同じ疑問を抱き続けてきた——だが、答えは実にさまざまである。

「不毛だ」というのが、古楽運動に向けられた根本的な批判である。前向きというより後ろ向きに見えるからだ。人は過去を再創造することはできない。それゆえ、試みる意味がない。そういった批判的議論はさらに続いていて、歴史の流れから見ると、古楽演奏は、実は、音楽そのものより演奏者が焦点になる二〇世紀末の典型的な現象ではないか、とか、そもそも明確な目的に到達することができていない、と非難されている。こうした批判はわからないでもないが、私はこう反論したい。まさにバッハが演奏した通りに演奏するのだ、と主張するほど愚かな古楽奏者は一人もいない、と。録音やコンサート・ビジネスでそのように明言する、悪質で愚かな宣伝が見られるが、古楽の専門家はまずそれを止めさせるべきだ。

まさにバッハのように演奏することは、私の望みではない。だからそのために非難されるのは本望ではない。私はバッハであれ何であれ、演奏しようと選んだ音楽を、より深い洞察力をもって理解しようと努めている。私は作曲家を、私の個人的な味つけで葬ってしまいたくないし、作曲家が思い描いたかもしれないこと、どちらにしろ必然的なこと以上は望まない。今日の聴衆は愚かではなく、三分以上の長さがある曲にも関心を示すし、古い作品の最新ヴァージョンを必要としているわけでもない。聴衆は、伝統に疑問を投げかける準備ができていると思う。私は、これまで一度たりともバッハのようには——そもそも彼の人生のいつのことだろう？——演奏できなかったことを認め、それを完全に受け入れる。でもそのことは、私が彼の方向へ向かおうとすること、つまり彼から遠ざかるのではなく近づこうとすることを妨げはしない。「旅そのものが、目的地に着くことよりも重要だ」ということを、私は確信している。だから、私たちの世代が、ブルース・ヘインズの最新の本のタイトルにあるように、「古楽の終焉」であるとは考えていない（私たち二人は、このことについて素晴らしい意見交換をし、失礼ながら私は彼の考えを全く理解できないことがしばしばあったけれども、彼とさらに議論したいと心から願っている）。確かなのは、私たちも次の世代も、個人としてもまた歴史的にも、真（オーセンティック）であり続けるために、つねにアクティブで、敏感で、探求的で、冒険好きで、独創的で、創造的で、慎み深く、誠実であり続けなければならない、ということだ。

幸運を祈る！

インスピレーションの源

私の古楽演奏へのヴィジョンは、さまざまな方からさまざまな機会に刺激を受けてきた。心からの感謝を、次の方々に捧げたい。

・グスタフ・レオンハルト——類まれなほど、芸術的な誠実さ、素晴らしい音楽の才能、そして知識を併せ持っていた。
・アルフレッド・デラー——真の表現力と素晴らしい発音を伴った、他の追随を許さない声の持ち主だった。
・私の兄、シギスヴァルトとヴィーラント、そしてロベール・コーネン——私のコンサートや録音の素晴らしい仲間であり、議論や発見のパートナー。
・ラ・プティット・バンド——私が学んだことを実践に移すことができたオーケストラ。
・多くの歴史的録音を残してくれた有名な歌手、ヴァイオリニスト、ピアニスト、フルート奏者たち。
・フランス・フェスター——独創的で好奇心旺盛な、驚くべき、同時に刺激的な教師。

・多くのことを私に教えてくれた私の生徒たち。
・私に進むべき道を示してくれた、私の古き良きゴトフロア・アドリアン・ロッテンブルク・フルート。
・アンドレアス・グラット、ルドルフ・トゥッツ、アラン・ヴェーマルス、ロッド・キャメロン――私に美しいフルートを提供し、歴史的なフルート製作について議論し、作業場の経験を共有してくれた素晴らしい楽器製作者たち。
・ブリュッセル楽器博物館、多くの歴史的楽器のコレクター――数多くの古いフルートやリコーダーを手に取って研究し、演奏し、計測できたことは、非常に貴重な助けとなった。
・レコード・レーベル「アクサン Accent」とその設立者アンドレアス・グラットとアーデルハイト・グラット――一八四〇年頃までの主なフルート作品を録音するよう誘われ、それによって私はそのレパートリーに集中し、理論と実践を私のペースで探求できた。
・ブリュッセル王立音楽院の図書館――宝探しに出かけ、ある時代の傑作ばかりでなく、多数の作曲家の平均的または平均以下の作品も知るようになった場所である。
・世界中の博物館、宮殿、教会――音楽を他の芸術とのコンテクストで考えさせてくれた。

訳者あとがき

本書はBarthold Kuijken, *The Notation is not the Music: Reflections on Early Music Practice and Performance.*（2013）の全訳である。古楽の世界をリードしてきた「クイケン三兄弟」の三男、フルート奏者のバルトルド・クイケン氏による本書は、実にユニークな一冊だ。

バルトルド・クイケン氏による本だからといって、（表紙の写真から想像された方もおられるかもしれないが）フルートに特化した本ではなく、話題はバロック音楽に関するあらゆるトピックに及ぶ。けれども、これまでの「バロック音楽についての本」とは、一味も二味も違う。本書の冒頭に書かれているように、これは研究書でも演奏への実践的なハウツー本でもない（とはいえ、研究書顔負けの膨大な資料が駆使されているし、実際の演奏へのヒントも満載だ）。彼自身の体験談も随所に含まれているが、だからといってエッセイというわけでもない。こうしたさまざまな要素が絶妙に組み合わされ、古楽をめぐる重要なトピックが演奏者の視点で語られてゆくところに、本書の大きな特徴がある。クイケン氏の驚くほど豊富な知識と経験、そしてそれらに裏付けられた鋭い洞察力。しかし同時に、彼の古楽の現状へのもどかしい思い。何よりも音楽に対する彼の誠実な姿勢。これらが本書を他に類を見ない、非常に価値あるものにしているように思う。

二〇一七年一一月、バルトルド・クイケン氏は来日され、いくつかのコンサートとマスタークラスが開催された。マスタークラスでは、「良い趣味」や「良い音／悪い音」などといった本書のキーワードが何度も話題にのぼった。クイケン氏の生の言葉を聞き、この本に彼の考えの真髄が込められているのだと改めて実感した。

＊

今回の翻訳にあたっては、クイケン氏ご本人のご希望もあって、日本語としての読みやすさを重視した。一一月にお目にかかったとき、彼から「これはアカデミックな本ではないからね。多少の意訳はかまわないから、とにかく誰でもスラスラ読めるような本にしてほしいんだ」という言葉をかけられた。明快な文章で、ときにユーモラスで、ときにやや辛辣で…、そんなクイケン節をうまく日本語にすることができたかどうかは心許ないが。

訳註を付けた方が日本の読者にはわかりやすいのではないか、と思う箇所もないわけではなく、悩ましい問題ではあった。だが、「はじめに」で宣言されている通り、註を一切つけないというクイケン氏のポリシーを尊重し、［　］で簡単な補足をした以外、説明的な訳註はつけないことにした。また索引も同様で、とくに重要な作曲家・概念のみを厳選したというクイケン氏の姿勢を受け継ぎ、原著にある項目のみとした。図版や譜例についても、もう少し多い方が理解の助けになったかもしれないが、あえて追加は行わなかった。

　本書には、実に多くの作品が例として取り上げられている。本文中にも書かれているが、現在の私たちは、家にいながらでも、さまざまな時代のさまざまなスタイルの音楽・演奏を簡単に聴ける時代を生きている。ひとつひとつ聴きながら（クイケン氏自身の素晴らしい録音で聴くことができる曲も多い）、氏の主張を耳でも確かめつつ読み進めていただくと、理解度も楽しさも倍増するだろう。

　歴史的な教則本や作曲家の手紙など、本書に引用されている著作には、すでに邦訳が出版されているものもいくつかある。その他、個々の単語の訳語など、これまでの日本の音楽研究は、この翻訳にあたって大いに助けとなった。今回はそれらを参照するにとどめ、文脈に合わせて新たに訳出したが、敬意とともに感謝したい。とくに頻繁に引用されているクヴァンツ、そしてL・モーツァルトとC・P・E・バッハの三大教則本は、素晴らしい邦訳で読むことができる。関心を持たれた方には、一読をお勧めしたい。

この翻訳がなんとか出版にこぎつけたのは、多くの方々のご指導・ご協力があったからである。クイケン氏は、翻訳の過程で生じた疑問に、丁寧に答えてくださった。著者と直接コンタクトを取りながら翻訳を進めることができたのは、とても幸せなことだと思う。改めて感謝を申し上げる。クイケン氏のもとで学ばれたフルート奏者の前田りり子氏からは、貴重なご意見を多くいただき、氏の意図をより正確にすることができた。また、塚田聡、平井千絵、森泰彦、富田庸、小岩信治の各氏からも、それぞれ演奏家あるいは音楽学者の立場から、たくさんのアドヴァイスをいただいた。本書では演奏するという行為がたびたび話題にあがっており、とくに古楽の現場で活躍されている方々から頂戴した、体感に即した助言に助けられた部分も多かった。超多忙な日々を送るなかで親身に相談に乗ってくださった諸氏に、御礼申し上げる。このように、さまざまな示唆をいただいて完成した訳文ではあるものの、最終的な翻訳の責任は訳者にある。至らぬ点が残っているかもしれないが、読者諸氏のご賢察を乞う次第である。そして最後に、献身的に編集作業にあたってくださった道和書院の片桐文子氏に、心からの感謝を捧げたい。

二〇一八年一月
越懸澤麻衣

Miehling, Klaus. *Das Tempo in der Musik von Barock und Vorklassik: die Antwort der Quellen auf ein umstrittenes Thema*. "Heinrichshofen Bücher." Wilhelmshaven: 1993.

Parrott, Andrew. *The Essential Bach Choir*. Woodbridge, UK, and Rochester, NY: 2000.

Potter, John. "Reconstructing Lost Voices," in Tess Knighton and David Fallows, *Companion to Medieval and Renaissance Music*. Oxford: 1997. 311-316.

———. "The Tenor-Castrato Connection." In *Early Music 35*, no.1 (February 2007): 97-110.

Schwarzkopf, Elisabeth. *On and Off the Record: A Memoir of Walter Legge*. New York: 1982. エリーザベト・シュヴァルツコップ『レコードうら・おもて：レッグ&シュヴァルツコップ回想録』河村錠一郎訳、東京：音楽之友社、1986年。

Smith, Anne. *The Performance of 16th-Century Music: Learning from the Theorists*. New York: 2011.

Spitta, Philipp. *Johann Sebastian Bach*. Leipzig: 1873-1880.

Spitzer, John and Neal Zaslaw. *The Birth of the Orchestra: History of an Institution*. Oxford and New York: 2004.

Zaslaw, Neal. *Mozart's Symphonies. Context, Performance Practice, Reception*. Oxford: 1989. ニール・ザスラウ『モーツァルトのシンフォニー：コンテクスト、演奏実践、受容』礒山雅監修・訳、永田美穂訳、東京：東京書籍、2003年。

———. "Ornaments for Corelli's Violin Sonatas, op.5." In *Early Music 24*, no. 1 (February 1996): 95-115.

Zwang, Gérard. *Guide pratique des Cantates de Bach*. Paris: 1982.

———. *Le Diapason*. Paris: 1998.

雑誌

Bach-Jahrbuch (Leipzig)
Early Music (Oxford)
Performance Practice Review (Madison)
Tibia (Celle)

ウェブサイト

www.bach-digital.de
www.imslp.org
www.loc.gov/jukebox/

———. *Ueber die Flöte mit mehrern Klappen*. Leipzig: 1800.
Walther, Johann Gottfried. *Praecepta der musikalischen Composition*. MS, 1708. Leipzig: 1955.
———. *Musicalisches Lexicon*. Leipzig: 1732.
Wieck, Friedrich. *Clavier und Gesang, Didaktisches und Polemisches*. Leipzig: 1853.

二次資料

Bach, Johann Sebastian. *Sonate für Flöte und Cembalo A-dur BWV1032*. Edited and reconstructed by Barthold Kuijken. Wiesbaden: 1997.
Brown, Clive. *Classical & Romantic Performance Practice 1750-1900*. Oxford: 1999.
Brown, Howard Mayer, and Stanley Sadie, eds. *Performance Practice*. 2 vols. The Norton/Grove Handbooks in Music. New York: 1990.
Byrt, John. "Elements of rhythmic inequality in the arias of Alessandro Scarlatti and Handel." In *Early Music 35*, no. 4 (November 2007): 609-627.
———. "Inequality in Alessandro Scarlatti and Handel: A Sequel." In *Early Music 40*, no.1 (February 2012): 91-110.
Craft, Robert. *Conversations with Igor Stravinsky*. New York: 1959. I. ストラヴィンスキー（談）、ロバート・クラフト編『118の質問に答える』吉田秀和訳、東京：音楽之友社、1960年。
Demeyere, Ewald. *Johann Sebastian Bach's Art of Fugue: Performance Practice Based on German Eighteenth-Century Theory*. Leuven: 2013.
Dolmetsch, Arnold. *The Interpretation of the Music of the XVIIth and XVIIIth Centuries Revealed by Contemporary Evidence*. London: 1915. アーノルド・ドルメッチ『17・8世紀の演奏解釈』浅妻文樹訳、東京：音楽之友社、1966年。
Dorrington, Robert. *The Interpretation of Early Music*, New York: 1965.
Eppstein, Hans. *Studien über J. S. Bachs Sonaten für ein Melodieinstrument und obligates Cembalo*. Uppsala: 1966.
Geoffroy-Dechaume, Antoine. *Les 'Secrets' de la musique ancienne*. Paris:1964.
Gérold, Théodore. *L'art du chant en France au XVIIième siècle*. Strasbourg: 1921.
Haynes, Bruce. *The Eloquent Oboe*. New York: 2001.
———. *A History of Performing Pitch: The Story of "A."* Lanham, Md.: 2002.
———. *The End of Early Music*. New York: 2007.
Hefling, Stephen. *Rhythmic Alteration in Seventeenth- and Eighteenth-Century Music*. New York: 1993.
Hudson, Richard. *Stolen Time: The History of Tempo Rubato*. Oxford: 1994.
Lindley, Mark. "Tuning and Intonation." In Howard Mayer Brown and Stanley Sadie, 1990.
Maunder, Richard. *The Scoring of Baroque Concertos*. Woodbridge: 2004.
Mengelberg, Willem. "St. Matthew Passion." In *Columbia Masterworks*, 1939.

Mattheson, Johann. *Kern melodischer Wissenschaft*. Hamburg: 1737.
———. *Der vollkommene Capellmeister*. Hamburg: 1739.
Mermet, Louis Bollioud de. *De la corruption du goust dans la musique françoise*. Lyon: 1746.
Mozart, Leopold. *Versuch einer gründlichen Violinschule*. Augsburg: 1756. レオポルト・モーツァルト『ヴァイオリン奏法』久保田慶一訳、東京：全音楽譜出版社、2017年。
Mozart, Wolfgang Amadeus. *Briefe und Aufzeichnungen*. Kassel and New York: 1962-1975.『モーツァルト書簡全集』(全6巻)海老沢敏、高橋英郎編訳、東京：白水社、1976〜2001年。
Muffat, Georg. "Preface." In *Armonico tributo*. Salzburg: 1682.
———. "Preface." In *Florilegium Primum*. Augsburg: 1695.
———. "Preface." In *Florilegium secundum*. Passau: 1698.
Nivers, Guillaume Gabriel. "Preface." In *Livre d'Orgue Contenant Cent Pièces de tous les Tons de l'Eglise*. Paris: 1665.
North, Roger. Extracts of his writings. In *Roger North on Music*. Ed. John Wilson, London: 1959.
Quantz, Johann Joachim. *Solfeggi pour la flute traversiere avec l'enseignement*. MS, DK-Kk, n.d. Winterthur: 1978.
———. *Versuch einer Anweisung die Flöte traversiere zu spielen*. Berlini 1752.ヨハン・ヨアヒム・クヴァンツ『フルート奏法』(改訂版)荒川恒子訳、東京：全音楽譜出版社、2017年。
———. *Herrn Johann Joachim Quantzens Lebenslauf, von ihm selbst entworfen*. In Fr. W. Marpurg: *Historisch-kritische Beyträge zur Aufnahme der Musik*. Berlin: 1755, vol. 1, Stück 3. Münster: 1997.『音楽家の自叙伝：クヴァンツ／ベンダ／E. バッハ／ツェルニー』東川清一編訳、東京：春秋社、2003年。
Reichardt, Johann Friedrich. *Briefe eines aufmerksamen Reisenden, die Musik betreffend*. Vol. 1: Frankfurt and Leipzig, 1774. Vol. 2: Frankfurt and Breslau: 1776.
Riemann, Hugo. *Musikalische Dynamik und Agogik. Lehrbuch Der Musikalischen Phrasirung auf Grund einer Revision der Lehre von der musikalischen Metrik und Rhythmik*. Hamburg: 1884.
———. *System Der Musikalischen Rhythmik und Metrik*. Leipzig: 1903.
Scheibe, Johann Adolf. *Der Critische Musikus*. Hamburg: 1738-40.
Schoenberg, Arnold. "Preface." In *Pierrot Lunaire*. Wien: 1914.
Spencer, Herbert. *Principles of Biology*. London: 1864.
Spohr, Louis. *Selbstbiographie*. 2 Vol. Kassel: 1860-61.
Stravinsky, Igor. "Some Ideas about my Octuor." In *The Arts*, January 1924.
Tartini, Giuseppe. *Traité des Agréments de la Musique*. Paris: 1771.
Telemann, Georg Philipp. "Preface." In *Harmonischer Gottes-Dienst, oder geistliche Cantaten zum allgemeinen Gebrauche*. Hamburg: 1725-26.
Tromlitz, Johann Georg. *Ausführlicher und gründlicher Unterricht die Flöte zu spielen*. Leipzig: 1791.

London: 1773, 2/1775.
Caruso, Enrico and Luisa Tetrazzini. *Caruso and Tetrazzini on the Art of Singing*. New York: 1909.
Corrette, Michel. *L'école d'Orphée. Méthode pour apprendre facilement à jouer du violon dans le goût françois et italien*. Paris:1738.
———. *Methode théorique et pratique pour apprendre en peu de tems le violoncelle dans sa perfection*. Paris: 1741.
———. *Methode pour apprendre aisément à jouer de la flute traversiere*. Paris: ca.1742.
———. *Methode pour apprendre facilement à jouer du pardessus de viole*. Paris: 1748.
———. *l'art de se perfectionner dans le Violon*. Paris: 1782.
Corri, Domenico, ed. *A Select Collection of the Most Admired Songs, Duets Etc. From Operas in the Highest Esteem*. 5 vols. London: 1780-1810.
Couperin, Frarnçois. *L'art de Toucher le Clavecin*. Paris: 1717. フランソワ・クープラン『クラヴサン奏法』佐藤峰雄訳、東京：音楽之友社、1977年。同『クラヴサン奏法　付　資料　クラヴサン曲集より』山田貢訳、東京：シンフォニア社、2003年。
———. "Preface." In *Pièces de Clavecin*. Paris: 1713.
Crescentini, Girolamo. *Venti Cinque Solfeggi Variati Per Esercitare La Voce a Vocalizzare*. Paris: between 1819 and 1828.
Darwin, Charles. *On the Origin of Species by Means of Natural Selection, or, the Preservation of Favoured Races in the Struggle for Life*. London: 1859, 2/1872. チャールズ・ダーウィン『種の起原』堀伸夫、堀大才訳、東京：朝倉書店、2009年。
Delusse, Charles. *L'art de la flûte traversiere*. Paris:1761.
Falck, Georg. *Idea Boni Cantoris*. Nürnberg: 1688.
Fétis, François-Joseph. *Biographie universelle des musiciens et bibliographie générale de la musique*. Bruxelles: 1835-1844, 2/1860-1865.
Fürstenau, Anton Bernhard. *Die Kunst des Flötenspiels*. Leipzig: 1844.
Geminiani, Francesco. *The Art of Playing on the Violin*. London: 1751, 2/ed. Robert Bremner. London: 1777.
———. *A Treatise of Good Taste in the Art of Music*. London: 1749.
———. *Rules for Playing in a True Taste on the Violin German Flute Violoncello and Harpsichord Particularly the Thorough Bass, op. 8*. London: ca.1748.
Gluck, Christoph Willibald von. "Preface." In *Alceste*. Wien: 1769.
———. "Preface." In *Elena e Paride*. Wien: 1770.
Goethe, Johann Wolfgang von. *Begegnungen und Gespräche, vol. 6*. Berlin and New York: 1999.
Grétry, André Ernest Modeste. *Mémoires ou essays sur la musique*. Paris:1789-1797, 2/1812.
Hotteterre le Romain, Jacques. *Principes de la flute traversiere*. Paris: 1707.
———. *L'art de Préluder*. Paris: 1719.
L'Affilard, Michel. *Principes très faciles pour bien apprendre la Musique*. Paris: 1705.
Loulié, Étienne. *Élements ou Principes de Musique*. Paris: 1696.

参考文献

数多くの新旧の文献は、自分の道を見つけるのに非常に役立った。次のリストは包括的なものではなく、そのごく一部にすぎない。同時に、本書の参考文献の抜粋である。もし私が古い、あるいはより新しい文献に言及していないとしたら、それは興味深く、重要で、価値があるけれども、私のアプローチの方向性を劇的には変えなかったことを意味している。オリジナル資料を閲覧することで、私は深く広い視野を得ることができた。

一次資料

Agricola, Johann Friedrich and Pier Francesco Tosi. *Anleitung zur Singkunst*. Berlin: 1757. ヨハン・フリードリヒ・アグリーコラ訳編『歌唱芸術の手引き』東川清一訳、東京：春秋社、2005年。

———. "Georg Simon Löhleins Clavier-Schule." In *Allgemeine deutsche Bibliothek*. Berlin: 1769. See also *Bach-Dokumente III*. Kassel and New York: 1963.

Bach, Carl Philipp Emanuel. *Versuch über die wahre Art das Clavier zu spielen*. Berlin: 1753 (part I) and 1762 (part II). The editions of 1784 (part I) and 1797 (part II) include new material. カール・フィリップ・エマヌエル・バッハ『正しいクラヴィーア奏法』東川清一訳、東京：全音楽譜出版社、第1部2000年、第2部2003年／2014年。

———. *Sonaten mit veränderten Reprisen*. Berlin: 1760.

———. Autobiographie, in Carl Burney's *"Der Musik Doctors Tagebuch seiner musikalischen Reisen," vol.3, Durch Böhmen, Sachsen, Brandenburg, Hamburg und Holland*. Hamburg: 1773. 『音楽家の自叙伝：クヴァンツ／ベンダ／E. バッハ／ツェルニー』東川清一編訳、東京：春秋社、2003年。

Bacilly, Bénigne de. *Remarques curieuses sur l'Art de bien Chanter*. Paris: 1668.

Bagatella, Antonio. *Regole per la costruzione de' violini viole violoncelli e violoni*. Padova: 1786.

Beethoven, Ludwig van. *Johann Baptist Cramer; 21 Etüden nebst Fingerübungen von Beethoven nach seinem Handexemplar*. Edited by Hans Kann. Wien: 1974.

Brahms, Johannes. "Correspondence with Joseph Joachim." In Clive Brown, 1999.

Bremner, Robert. *Some Thoughts on the Performance of Concert Music*. (Preface to his publication of J. G. C. Schetky's *6 Quartettos* opus 6.) Edinburgh: 1777. See also Geminiani, 1751.

Burney, Charles. *Music, Men and Manners in France and Italy*. MS, 1770. London: 1969.

———. *The Present State of Music in France and Italy*. London: 1771, 2/1773. チャールズ・バーニー『現在の音楽事情：フランス・イタリア』原田朋子訳、［出版者不明］、［2010年?］

———. *The Present State of Music in Germany, The Netherlands, and United Provinces.*

モーツァルト, ヴォルフガング・アマデウス（Mozart, Wolfgang Amadeus） 19, 20, 28, 31, 41, 52, 53, 60, 61, 65-67, 101, 103, 104, 106, 110, 111, 114, 115, 122, 126, 148, 151-152, 156

モーツァルト, レオポルト（Mozart, Leopold） 79, 88, 101

リュリ, ジャン＝バティスト（Lully, Jean Baptiste） 40, 62, 76, 77, 137

事項

アーティキュレーション（articulation） 7, 20, 29, 57, 84, 91-97, 105, 107, 136, 159
アーティスティック・リサーチ（artistic research） 2
アフェクト（affect） 86, 139, 164, 179-181, 184
アマチュア（amateur） 117, 170-171, 174, 184
ヴィブラート（vibrato） 11, 92, 94, 101-102, 137-140
エディション（editions） 159-163
演奏実践（performance practice） 9, 39, 79, 84, 176
演奏者（performer）
——の楽譜への付け足し（—'s addition to notation） 26
——のパート譜または総譜への書き込み（—'s annotations in part or score） 29
——の態度（—'s attitude） 169-178
オーケストラ（orchestra） 18, 27, 29, 42-43, 54, 68-69, 73, 76-77, 103, 109-112
オーセンティシティ（authenticity） 23, 164, 187-188

音律・調律（temperament and intonation） 34, 46-55

鏡（mirror） 184-185
歌唱（singing） 51, 64, 72-73, 77, 89, 91, 96-97, 101, 103, 137, 140
楽器の選択（instrumentation） 63, 109-126
合唱（choir） 50, 109-110, 112
カデンツァ（cadenza） 149-153
感情（emotion） 30, 57, 85, 91-92, 95, 97, 136, 137, 140, 141, 145, 171, 179-181, 183, 187
きつめの付点（over-dotting） 79-81
強弱（dynamics） 21, 29, 57, 73, 84, 86, 88, 95, 99-107
クリエイティヴ・リーディング（creative reading） 22-23
コンパス（compass） 172-174

指揮者（conductor：有りでも無しでも） 27, 111-112
詩脚（poetic feet） 88, 100
修辞学（rhetoric） 57-58, 84, 91
情念（affect） →アフェクト

索引

索引は、ごく重要な作曲家名と事項のみを選んだ。

作曲家名

楽譜から音楽へ
バロック音楽の演奏法

二〇一八年一月三一日　初版第一刷発行
二〇二四年四月三〇日　第三刷発行

著者　バルトルド・クイケン
訳者　越懸澤麻衣
発行者　片桐文子
発行所　株式会社道和書院
〒一八四－〇〇一三　東京都小金井市前原町二－一二－一三
電話　〇四二－三二六－七八六六　ＦＡＸ　〇四二－三八二－七二七九
http://www.douwashoin.com/
デザイン　高木達樹
印刷・製本　大盛印刷株式会社

Printed in Japan
ISBN 978-4-8105-3001-8 C3073
定価はカバー等に表示してあります

第三刷にあたって、バルトルド・クイケン氏の新たな序文を加え、
上製から並製へ体裁を変更しました

著者

バルトルド・クイケン

Barthold Kuijken

フラウト・トラヴェルソ（バロック・フルート）の第一人者。二人の兄、ヴィーラントとシギスヴァルトとともに、世界の古楽界を牽引する音楽家のひとり。一九四九年、ベルギー・ブリュッセル近郊に生まれる。モダン・フルートをブルージュおよびブリュッセル音楽院で学ぶ。フランス・ブリュッヘン、ルネ・ヤーコプス、ロベール・コーネン、グスタフ・レオンハルトら錚々たる演奏家たちと共演し、ラ・プティット・バンドやコレギウムアレニウムといったオリジナル楽器のオーケストラに参加。同時に、モダン・フルート奏者としても、ブリュッセルを本拠とする現代音楽のアンサンブルに参加し、アヴァンギャルドな音楽に関心を持ち続けている。録音は、セオン、アクサン、ドイツ・ハルモニア・ムンディ、ソニー・クラシカルなどのレーベルから多数リリースされている。長年にわたりブリュッセルおよびハーグ音楽院で教鞭をとり、今も世界各地の音楽院で後進の育成に力を注いでいる。

訳者

越懸澤麻衣

Mai Koshikakezawa

東京藝術大学音楽学部楽理科を経て、同大学院修士課程、および博士後期課程修了。博士（音楽学）。学内にて安宅賞、アカンサス音楽賞、同声会賞を受賞。二〇一一〜二〇一三年、ドイツ学術交流会（ＤＡＡＤ）の奨学生として、ライプツィヒ大学音楽学研究所に留学。現在、宮城学院女子大学特任准教授、洗足学園音楽大学非常勤講師。著書に『ベートーヴェンとバロック音楽——「楽聖」は先人から何を学んだか』（音楽之友社、二〇二〇年）、『大正時代の音楽文化とセノオ楽譜』（小鳥遊書房、二〇二三年）がある。